AF759332

www.ingramcontent.com/pod-product-compliance
Lightning Source LLC
LaVergne TN
LVHW010754051026
849532LV00007B/2370
* 9 7 8 9 3 6 9 0 8 7 1 3 6 *

اکبر الہ آبادی کی تیسری کلیات

: ایک نظر

(تحقیق و تنقید)

عبد الماجد دریابادی

Akbar Allahabadi ki Teesri Kulliyat: Ek Nazar

by: Abdul Majid Daryabadi

Edition: January '2026
Publisher :
Taemeer Publications LLC (Michigan, USA / Hyderabad, India)

ISBN 978-93-6908-713-6

کتاب : **اکبر الہ آبادی کی تیسری کلیات : ایک نظر**

مصنف : **عبد الماجد دریابادی**

صنف : تحقیق و تنقید

ناشر : تعمیر پبلی کیشنز (حیدرآباد، انڈیا)

سالِ اشاعت : ۲۰۲۶ء

صفحات : ۱۶۴

سرورق ڈیزائن : تعمیر ویب ڈیزائن

پیش لفظ

اکبر الہ آبادی اردو شاعری کی اُن نادر ہستیوں میں سے ہیں جن کے یہاں ظرافت محض تفریح نہیں بلکہ فہمِ عصر، تہذیبی شعور اور اخلاقی بصیرت کا مؤثر وسیلہ بن جاتی ہے۔ ان کی شوخی میں سنجیدگی کی کاٹ ہے اور ان کے طنز میں خیر خواہی کی آنچ۔ یہی سبب ہے کہ ان کا کلام محض اپنے زمانے تک محدود نہیں رہا بلکہ آج بھی قاری کو چونکاتا، مسکراتا اور سوچنے پر مجبور کرتا ہے۔

زیرِ نظر کتاب اکبر الہ آبادی کی تیسری کلیات: ایک نظر دراصل عبد الماجد دریابادی کا وہ بصیرت افروز مضمون ہے جس میں انہوں نے اکبر کے کلام کے ایک نہایت اہم اور معنوی دور کا عمیق مطالعہ پیش کیا ہے۔ یہ وہ زمانہ ہے جب اکبر کی شاعری محض ظرافت کی ہنسی نہیں رہی بلکہ حکمت، تصوف، سیاست اور معاشرت کے پیچیدہ سوالات کی ترجمان بن گئی۔ دریابادی نے نہ صرف اس دور کے کلام کی فکری سمت متعین کی ہے بلکہ یہ بھی واضح کیا ہے کہ اکبر کی ظرافت کس طرح تدریجاً معرفت کے نور میں ڈھلتی چلی گئی۔

اس مضمون کی سب سے بڑی خوبی یہ ہے کہ یہ محض تنقیدی تجزیہ نہیں بلکہ ایک زندہ فکری مکالمہ ہے۔ مصنف، اکبر کے اشعار کے ذریعے اس عہد کی سیاسی فضا، تہذیبی کشمکش، مذہبی زوال، تعلیمی فریب اور اخلاقی تضادات کو بے نقاب کرتے ہیں۔ اکبر کی شوخ تشبیہیں، نادر قوافی، لفظی صنعت گری اور محاوراتی چابک دستی—سب کو دریابادی نے مثالوں کے ساتھ اس طرح پیش کیا ہے کہ قاری کو شاعر کی ذہانت اور زمانہ شناسی دونوں کا اندازہ ہو جاتا ہے۔

یہ کتاب دراصل اکبر الہ آبادی کی شاعری کو محض "ظریفانہ کلام" کے محدود خانے سے نکال کر ایک ہمہ گیر فکری نظام کے طور پر دیکھنے کی دعوت ہے۔ عبدالماجد دریابادی کی نثر خود بھی اسی روایت کی امین ہے جس میں سنجیدگی، شگفتگی اور علمی وقار ایک ساتھ جلوہ گر ہوتے ہیں۔

امید ہے کہ یہ پیش لفظ قاری کو اس کتاب کے مطالعے پر آمادہ کرے گا اور وہ اکبر الہ آبادی کے کلام کو محض ہنسی کی نہیں بلکہ بصیرت کی آنکھ سے بھی دیکھے گا۔

لسان العصر حضرت اکبر مغفور زمانہ حال کے ان چندر بزرگوں میں تھے جن کا مثل و نظیر کہیں مدتوں میں جا کر پیدا ہوتا ہے۔ ان کی ذات ایک طرف شوخی و زندہ دلی اور دوسری طرف حکمت و روحانیت کا ایک حیرت انگیز مجموعہ تھی یا یوں کہئے کہ ایک طرفہ معجون۔ آخر آخر ان کی شاعری نہ شاعری رہی تھی، نہ ان کا فلسفہ فلسفہ۔ ان کا سب کچھ بلکہ خود ان کا وجود مجسم حکمت و معرفت کے سانچہ میں ڈھل گیا تھا۔

ان کی گفتگو جامع تھی حکمت و ظرافت کی، ان کی صحبت ایک زندہ درسگاہ تھی تصوف و معرفت کی۔ روز مرہ کے معمولی فقروں میں وہ وہ نکتے بیان کر جاتے کہ دوسروں کو غور و فکر کے بعد بھی نہ سوجھتے اور باتوں باتوں میں ان مسائل کی گرہ کشائی کر جاتے جو سالہا سال کے مطالعہ سے بھی نہ حل ہو پاتے۔ خوش نصیب تھے وہ جنہیں ان کی خدمت میں نیاز مندی کا شرف حاصل تھا۔ جن کی رسائی اس چشمہ حیات تک نہ ہو سکی، انہیں آج اپنی نارسائی و محرومی پر حسرت ہے اور جن کی ہو چکی تھی انہیں یہ حسرت ہے کہ اور زیادہ سیر اب کیوں نہ ہو لئے۔

اکبر کے مجموعہ کلام پر تفصیلی تبصرہ کے لئے تو دفتر درکار ہیں۔ چھپا ہوا

کلام اس وقت تک تین جلدوں میں ہے اور جو حصہ ابھی غیر مطبوعہ ہے وہ بھی اتنا ہے کہ اگر دو جلدیں نہیں تو ایک بھر کے لئے تو بالکل کافی ہے۔ رسالہ کی محدود گنجائش، اس سارے ذخیرہ پر اجمالی نظر بھی ممکن نہیں۔ یہاں صرف اس حصہ کلام پر نظر کی جائے گی جو انہوں نے تقریباً ۱۹۱۴ء سے لے کر آخر ۱۹۱۹ء تک فرمایا۔ اس دور کے کلام کا شائع شدہ مجموعہ، ان کے کلیات سوم کے نام سے مشہور ہے۔ ایک متعد د بہ ذخیرہ کلام اس کے بعد کا بھی ہے۔ یعنی ۱۹۲۰ء سے لے کر عین وقت وفات ستمبر ۱۹۲۱ء تک کا۔ ممکن ہے کہ کبھی یہ بھی کلیات چہارم کے نام سے شائع ہو جائے۔ لیکن ابھی تک کہ مرحوم کی وفات کو ۲۳ سال گذر چکے ہیں، مسودہ کی حالت میں ہے اور مسودہ بھی شاید پوری طرح مرتب نہیں۔

بہتر ہو گا کہ ان کی شاعری کو مختلف صنفوں میں تقسیم کر کے ہر عنوان پر جدا گانہ نظر کی جائے۔ ہاں متعدد اشعار ایسے بھی ہونا لازم ہیں جو ایک عنوان کے ماتحت میں آئیں گے اور دوسرے کے بھی مختلف حیثیتوں اور پہلوؤں سے انہیں بار بار لانا پڑے گا، اور تکرار بیان ایک حد تک ناگزیر ہو گی۔

اکبر کی کتاب شاعری کے پانچ باب بآسانی قرار دیے جاسکتے ہیں۔

(۱) ظرافت وزندہ دلی

(۲) سیاسیات

(۳) عشق و تغزل

(۴) اخلاق و معاشرت

(۵) تصوف، معرفت و فلسفہ

ان میں سے ہر عنوان پر الگ الگ گفتگو مناسب ہوگی۔

ظرافت و زندہ دلی

اکبر کی شہرت و مقبولیت کی سب سے بڑی نقیب ان کی ظرافت تھی، ان کے نام کو قہقہوں نے اچھالا، ان کی شہرت کو مسکراہٹوں نے چمکایا۔ ہندوستان میں آج جو گھر گھر ان کا نام پھیلا ہوا ہے، اس عمارت کی ساری داغ بیل ان کی شوخ نگاری و لطیفہ گوئی ہی کی ڈالی ہوئی ہے۔ قوم نے ان کو جانا مگر اسی حیثیت سے کہ وہ روتے ہوئے چہروں کو ہنسا دیتے ہیں۔ ملک نے ان کو پہچانا مگر اس حیثیت سے کہ وہ مرجھائے ہوئے دلوں کو کھلا دیتے ہیں۔

اس میں ذرا کلام نہیں کہ اکبر ظریف اور بہت بڑے ظریف تھے۔ لیکن جس زمانہ کے کلام پر یہاں خصوصیت کے ساتھ تبصرہ مقصود ہے، یہ زمانہ ان کی ظرافت کے شباب کا نہ تھا۔ جب تک خود جوان رہے شوخ طبعی بھی جوان رہی۔ عمر کا آفتاب جب ڈھلنے لگا تو ظرافت کا بدر کامل بھی رفتہ رفتہ ہلال بنتا گیا۔ اب اس کی جگہ آفتاب معرفت طلوع ہونے لگا۔ بالوں میں سفیدی آئی، صبح پیری کے آثار نمودار ہوئے، تو ظرافت نے انگڑائیاں لیں اور زندہ دلی کی شمع جھلملانے لگی۔ حکمت کی تابش اور حقیقت کی تڑپ دل میں پیدا ہوئی۔ جمال حقیقی کی جلوہ آرائیوں نے چشم بصیرت کو محو نظارہ بنایا۔ سوز عشق نے سینہ کو گرمایا، ذوق عرفان نے دل کو تڑپایا، اور نور معرفت کی شعاعیں خود ان کے مطلع قلب سے اس چمک دمک کے ساتھ پھوٹیں کہ تماشائیوں کی آنکھیں قریب تھا کہ چکا چوند میں پڑ جائیں۔ یہی تو بات ہے کہ کلیات سوم میں خالص ظریفانہ اشعار شاید ۱۰ فیصد بھی نہ نکلیں ۲ حالانکہ کلیات اول و

دوم میں ظریفانہ اشعار کا تناسب تیس فیصدی سے کسی حال میں کم نہ تھا۔

لیکن ہے یہ کہ قسام ازل نے ذہانت و فطانت، شوخی و زندہ دلی کی تقسیم میں ان کے لئے بڑی فیاضی سے کام لیا تھا۔ اس لئے پیرانہ سالی میں بھی ایک طرف ذاتی صدمات و خانگی مصائب ۳ کا ہجوم، اور دوسری طرف مشاغل دین و تصوف کے غلبہ کے باوجود یہ جذبات فنا ہرگز نہیں ہونے پائے۔ شمع جھلملا ضرور رہی تھی مگر بجھی نہ تھی یا آفتاب ڈھل ضرور چکا تھا مگر غروب تو نہیں ہوا تھا۔ بدر، ہلال بننے لگا تھا لیکن بے نور نہیں ہوا تھا، چمن سے بہار رخصت ہونے کو تھی تاہم خزاں کا سایہ بھی ابھی نہیں پڑنے پایا تھا۔ زندہ دلی نہ صرف قائم تھی بلکہ اس وقت کے ساتھ اس شدت کے ساتھ کہ دیوان پڑھنے والے متحیر اور کلام سننے والے ششدر رہ رہ گئے۔ کلیات سوم میں اس کے نمونے، بیشتر کے مقابلہ میں یقیناً کمتر، پھر بھی اچھی خاصی معقول تعداد میں نظر آتے ہیں۔

اکبر ظریف تھے۔ "ہزال" و فحاش نہ تھے۔ دلوں کو خوش کرتے تھے۔ چہروں پر تبسم لاتے تھے۔ جذبات سفلی کے بھڑکانے کی کوشش نہ کرتے۔ ان کی ظرافت ہزل گوئی کے مترادف نہ تھی۔ اکثر صورتوں میں معنویت سے لبریز ہوتی تھی، کہیں کہیں زبانی محاورہ، لفظی مناسبت، ترکیب کی ندرت قافیہ کی جدت کے زور سے شعر کو لطیفہ بنا دیتے تھے۔ سیاسی مسائل میں رائے بڑی آزاد رکھتے تھے لیکن جتنا کہہ جانے میں جری تھے، اتنا ہی سنانے میں چھاپنے میں پھیلانے میں محتاط تھے۔ قدم اتنا پھونک کر رکھتے کہ مخلصوں اور نیاز مندوں تک کو حیرت کی ہنسی آجاتی۔ اور جو اتنے معتقد و باادب تھے وہ تو جھنجھلاہٹ میں خدا جانے کیا کچھ کہہ

سن ڈالتے۔

خیر ظرافت اس خاص غرض کے لئے یعنی ستر حال کے لئے اخفائے خیال کے لئے، ان کے ہاتھ میں ایک اچھے لفافہ کا، بڑے کار آمد آلہ کا کام دیتی تھی، جو کچھ اور جس کی نسبت چاہتے، اسی پردہ میں سنا جاتے۔ کچھ اکیلی سیاسیات پر موقوف نہیں، رند و پارسا، امیر و فقیر، عالم و عامی، انگریز و ہندوستانی، ہندو و مسلم، سنی و شیعہ، سب کی صحبت میں اور مسجد اور مندر، کالج اور اسکول، خانقاہ و میکدہ، کاؤنسل اور کچہری، سرکس اور تھیٹر، بازار اور دفتر کے ایک ایک گوشہ میں بے تکلفانہ سیر کرتے پھرتے۔ ایک ایک شے کا جائزہ غور سے لیتے رہتے۔ اسے جھانکتے، تانکتے، اس کو جانچتے، اس کو بھانپتے، ایک کو تولتے، دوسرے کو ٹٹولتے، لیکن ظرافت کے نقاب کے تار چہرے پر کچھ ایسے گہرے پڑے رہتے کہ کسی کو پتہ بھی نہ چلنے پاتا کہ نگاہیں ہیں کس جانب، بے تکلف صحبتوں میں بارہا یہ کہہ بھی گذرتے۔ کہیں کہیں مطبوعہ کلام میں بھی اقرار کر گئے ہیں۔ ایک جگہ واضح لفظوں میں فرماتے ہیں۔

لغزشیں، مد ظرافت میں جو کچھ آئیں نظر
دوستوں سے التجا یہ ہے کریں اس کو معاف
سرد موسم تھا، ہوائیں چل رہی تھیں برف بار
شاہد معنی نے اوڑھا ہے ظرافت کا لحاف

"موسم" کا اشارہ زیادہ تر سیاسی فضا کی جانب ہے اور "ہواؤں" سے مراد قانونی شکنجے اور سرکاری گرفتیں تھیں۔ آج کی نہیں آج سے ۴۰ سال قبل کی۔ ان کی ظرافت کا بہت بڑا مظہر یہی سیاسیات کا میدان تھا اور اس بات میں ان کا عمل عارف

رومی کی تعلیم پر تھا،

خوشتر آں باشد کہ سر دلبراں

گفتہ آید در حدیث دیگراں

اکبر، ان دلبران سیاسی کی ایک ایک ادا کے محرم تھے۔ ان اسرار کی منادی وہ سر بازار کرتے لیکن زبان وہی اپنی، اور مخصوص جو لوگ ان کی اس بولی سے واقف ہو گئے تھے، وہ معنی و مفہوم کو سمجھ کر چشم و ابرو کو جنبش دیتے، اور جو تہ تک نہ پہنچتے۔ وہ بھی بہر حال ایک دل لگی کی بات سمجھ کر ہنس تو پڑتے ہی تھے۔ "بت"، صنم"، "مس"، "شیخ"، 'سید"، "سید صاحب"، "اونٹ"، "گائے"، "کلیسا"، "حرم"، "دیر"، "بتکدہ"، "کالج"، "برہمن"، "لالہ"، "صاحب" وغیرہ بیسیوں الفاظ نے ان کی زبان میں کہنا چاہیئے کہ ایک مخصوص اصطلاحی حیثیت حاصل کرلی تھی۔

ایک جگہ فرمانا یہ منظور تھا کہ سیاسی حقوق جو ہم روز بروز زیادہ حاصل کرتے جاتے ہیں انہیں اپنی ترقی کی علامتیں سمجھ کر ان پر خوش ہو رہے ہیں۔ لیکن حقیقت یہ ہے کہ حریف نے ہماری حرص وہوس، اور جاہ پرستی کا صحیح اندازہ کر کے ہمارے لئے ایک جال بچھا دیا ہے۔ جس میں ہم اور زیادہ جکڑتے جاتے ہیں ۴ اور محکومی و تنزل کے غار میں برابر دھنستے چلے جاتے ہیں۔ اس کو یوں ادا فرماتے ہیں،

ہاون تو ہے ہوس کا دستہ ہے پالسی کا

لیکن ادھر تصور جاتا نہیں کسی کا

ہے کوفت لیکن اس پر مسرور ہو رہے ہیں

ہر سو اچھل رہے ہیں اور چور ہو رہے ہیں
اس قبلہ رو جماعت کا انتشار دیکھو
اس باغ میں خزاں کی اکبر بہار دیکھو
لکھے گا کلک حسرت دنیا کی ہسٹری میں ۵
اندھیر ہو رہا تھا بجلی کی روشنی میں

"قبلہ رو جماعت" سے کھلی ہوئی بات ہے کہ مراد مسلمان ہیں۔ کلام اکبر کا روئے سخن بیشتر اپنی ہی ملت کی جانب رہتا ہے۔ تعلیم اکبری کا یک پہلو یہ بھی ہے کہ اصل الزام خود ہم پر ہے۔ ہم اگر حرص و ہوس کے بندے نہ ہوتے تو صیاد جال ڈالنے کی تکلیف ہی کیوں گوارا کرتا؟ ہاون گر نہ ہو تو دستہ چلے کس چیز پر؟

سرکاری مدرسوں اور تعلیم گاہوں کی بھول بھلیاں کچھ رکھی ہی ایسی گئی ہے کہ "ہم" ہمیشہ انہیں الجھاوؤں میں پڑے رہیں اور "وہ" خود عیش و عشرت کرتے رہیں، ہم ان کی کلرکی کی، خدمت گزاری کی محنتوں میں اپنا خون پسینہ ایک کرتے رہیں اور وہ آقایانہ بے نیازیوں کے ساتھ داد عیش دیتے رہیں۔ ارشاد ہوتا ہے،

سمجھا رہے تھے مجھ کو مکٹ ۶ کی وہ گردشیں
خود کر رہے تھے تاک کی ٹٹی سے سازشیں
نقشے میں دیکھتا تھا، وہ پیتے تھے جام مے
میں نے کہا حضور یہ مضمون عجیب ہے
ہیں خود تو مست بادہ عشرت کے خم سے آپ
الجھا رہے ہیں مجھ کو ستاروں کی دم سے آپ

بولے کہ اس زمیں میں کوئی اور شعر بھی؟
میں نے کہا یہ بات مرے ذہن میں بھی تھی
اللہ رے ارتقاسگان در حضور!
کل "تو" سے "تم" ہوئے تھے، ہوئے آج "تم" سے آپ"
ہنس کر دیا انہوں نے الٹ بحث کا ورق
گانے لگے وہ گیت، میں پڑھنے لگا سبق

سرکار نامدار کے بعض نیک نام محکموں اور سرشتوں کی ذہانت طباعی، بلکہ قوت خلاقی کے مشاہدہ سے یہ ظریف شاعر بھی دنگ رہ جاتا ہے، اور محکمہ پولیس کی کارگذاریوں کا "کلمہ" پڑھنے لگتا ہے۔ شاعر غریب کو سیاسی مسائل سے کیا سروکار؟ اس کے اسلاف صدہا برس یار کی کمر کو تلاش کرتے آئے ہیں۔ آج تک پتہ نہ لگا۔ خواجہ خضر کی رہنمائیاں، ہاتف کی دستگیریاں، سروش غیب کی مہربانیاں سب کی سب ناکام رہیں۔ شاعر کا ذہن ادھر منتقل ہوتا ہے کہ اس ہستی معدوم کا پتہ اب سر کار کے خفیہ پولیس ہی کی مدد سے کیوں نہ چلایا جائے؟ فرماتے ہیں،

کیا پوچھتے ہو آکر شوریدہ سر کا حال
خفیہ پولیس سے پوچھ رہا ہے کمر کا حال

ایسا اچھوتا اور نادر سرٹیفکٹ خفیہ پولیس کا اپنی ساری تاریخ میں کبھی کیوں ملا ہو گا۔ مگر ظرافت کا رنگ کچھ سیاسیات کے لئے مخصوص تھوڑے ہی تھا۔ جب یہ ہولی کھیلنے پر آتے تو مذہب، اخلاق، معاشرت، تعلیم ہر بزم کے بڑے بڑے نین و مُہاب سفید پوشوں کو اپنی پچکاریوں سے رنگ رنگ دیتے۔

اس وقت ملت پر جو فرنگی تہذیب و معاشرت کا جن مسلط ہے، اس نے نوبت یہاں تک پہنچا دی ہے کہ علم، ہنر، اخلاق کے ساتھ ساتھ حسن و عشق و عیش و عشرت کا معیار بدل گیا ہے اور ہم اپنی رنگینیوں اور عیش پسندیوں تک میں پابند، روز بروز مغربی معیار کے ہوئے جاتے ہیں۔ یہ کہانی اکبر کی زبانی دو لفظوں میں ادا ہو گئی ہے۔

فکر ساری کی ہے نہ کنگن کی
اب تو دھن ہے انہیں فرنگن کی

اور خیر ادھر عاشقوں کا حال تو بدلا ہی تھا، غضب یہ ہوا کہ ادھر محبوبوں کی جماعت بھی انقلاب زندہ باد کی نذر ہو گئی۔ ادھر کی وضع داری میں فرق آیا تو ادھر کی بھی طرح داریاں کب اپنے رنگ پر قائم رہیں۔ بازار حسن میں چلن نئے سکوں کا ہو گیا، پرانے سکے ٹکسال سے باہر ہو گئے۔ اب تک مشرق نے اور مشرق کی شاعری سے حسن کا سب سے بڑا زیور، شرم و حیا، تمکین و حجاب کو سمجھا تھا لیکن اب جو جا کر دیکھا تو محفل ناز کا رنگ ہی بدلا ہوا، کہاں کی کم سخنی اور کیسی بے زبانی؟ مشق اب خطابت کی ہو رہی ہے۔ نہ اب نگاہ شرمگیں نہ چشم سرمگیں، اٹھی ہوئی نگاہیں اور چڑھی ہوئی آنکھیں اب خود محو نظارہ، چہرہ پر نقاب کی ریشمی تاروں کی جگہ شفاف پتھروں کی عینک اور سنہری کمانیاں، حجلہ عروسی کی خلوتوں کا تخیل مٹ مٹا کر ڈرائنگ روم میں ٹھاٹھ محفل طرازی و بزم نوازی کے جم رہے ہیں۔ عاشق بے چارہ اس قلب ماہیت پر دنگ ہر جاتا ہے اور کہتا ہے،

خامشی سے ہے تعلق نہ ہے تمکین کا ذوق

اب حسینوں میں بھی پاتا ہوں میں اسپیچ کا شوق
شان سابق سے یہ مایوس ہوئے جاتے ہیں
بت بھی اب دیر میں ناقوس ہوئے جاتے ہیں

چوتھے مصرعہ نے دنیا کو کوزہ میں بند کر دیا ہے، مفہوم کو چاہے کتنی وسعت دیتے چلے جایئے جو علماء دین سمجھے جاتے ہیں وہ حجروں کی چٹائیاں، انکسار و تواضع چھوڑ، مسجدوں کی صفیں لپیٹ، پنڈال اور پلیٹ فارم کی زینت بن گئے ہیں۔ جو صوفی و مشائخ کہے جاتے تھے، خانقاہوں سے نکل انہوں نے خود اپنے نقارہ پر چوب لگانی شروع کر دی۔ دینی مدرسوں کے طلبہ استادوں کی جوتیاں سیدھی کرنے کی بجائے لگے اسٹرائک اور مطالبہ حقوق کا بگل پھونکنے۔ بیویوں نے شوہروں کی خدمت چھوڑ سنیما اور تھیٹر کا راستہ اختیار کیا۔ مائیں بچوں کو آیاؤں کے حوالہ کر خود کلب جا پہنچیں۔ یہ سارے کا سارا مفہوم اس ایک بلیغ مصرعہ میں سما گیا،

بت بھی اب دیر میں ناقوس ہوئے جاتے ہیں

ہندوستانی تہذیب و ہندوستانی حکومت، خواہ کسی ملت و فرقہ کی ہو، اغیار کی حکومت اور بیرونی تہذیب سے تو بہر حال گوارا تر ہے اس مفہوم کو جن لذیذ خوش ذائقہ کنایات میں ادا کیا ہے، عجب نہیں کہ ان سے اہل ذوق کی زبان چٹخاریاں لینے لگے،

دھن دیس کی بھی بس میں گاتا تھا اک دہاتی
بسکٹ سے ہے ملائم پوری ہو یا چپاتی

پوری اور چپاتی اور بسکٹ تینوں کی تلمیحیں بالکل صاف ہیں۔ پھر "دیس کی

دھن" تو ایک معنی تو اس کے ظاہر ہی ہیں کہ وطن کا جوش محبت، باقی دھن، ایک اصطلاح موسیقی بھی ہے، اور دیسی نام ہے ایک راگ کا اور یہ گانا ایک دیہاتی کی زبان سے نور علیٰ نور۔ اس زمین کا دوسرا شعر بھی سننے کے قابل ہے،

شان نماز اکبر، شاہانہ ہو چلی ہے
مسجد الگ بنائیں اپنی میاں وفاتی

نماز باجماعت کی تاکید تو تھی ہی اس لئے کہ شاہ و گدا، آقا و غلام، خادم و مخدوم، ایک صف میں شانہ بہ شانہ کھڑے ہوں، اور کم از کم اللہ کے گھر میں آ کر تو دن میں پانچ پانچ مرتبہ یہ بندوں والے امتیازات مٹتے رہیں۔ یہاں شیخ صاحب مسجد میں حاضر ہو کر بھی اپنی آقائی اور خواجگی کو نہیں بھولتے اور بفاتی اور جمن بیچاروں کے لئے کوئی چارہ نہیں رہ جاتا بجز اس کے کہ اپنی مسجد ہی الگ بنائیں۔

ایک ذہنیت اس وقت پھیلی ہوئی یہ ہے کہ زبان سے تو فرنگیت، فرنگی سیاست، فرنگی تہذیب، فرنگی حکومت کو خوب برا بھلا کہا جائے لیکن انہیں حلقوں سے اگر کہیں داد ملنے لگے، حوصلہ افزائی ہونے لگے، صلہ و ستائش کی طرح پڑ ج

ائے تو اس پر بھی دل خوشی سے اچھلنے لگتا ہے اور اندر ہی اندر لہر، فخر و مسرت کی دوڑ جاتی ہے۔ اکبر کی نظر اس پہلو پر بھی گئی۔ اس کی گرفت اپنے پنجہ آہنی سے کی۔ صنعت گری کا کمال ملاحظہ ہو کہ فولاد کی صلابت و کرختگی، کس خوبی کے ساتھ نرم و گداز مخملی دستانے کے اندر غائب کر دی۔

رقیب سرٹیفکٹ دیں تو عشق ہو تسلیم
یہی عشق تو اب ترک عاشقی اولیٰ

فلاں قومی شاعر کا خان بہادر ہو جانا، فلاں خادم ملت کا شمس العلماء بن جانا، یہاں تک کہ اقبال کا "سر" کے خطاب سے سرفراز ہو جانا، یہ سب مثالیں اسی رقیب کے دیے ہوئے سرٹیفکٹ کی ہیں۔

ملت کے نوجوانوں کو مذہب سے جو بیگانگی ہے، بعد و اجنبیت ہے، اس کو اکبر نے بڑی کثرت سے بیان کیا ہے اور کہیں کہیں تو انداز ایسا لطیف اختیار کیا ہے کہ وہ ان کے سوا اور کسی سے ممکن ہی نہیں۔ دل کے آنسوؤں سے روتے جایئے لیکن چہرہ وہی ہنسی اور تبسم کا بنائے رکھئے۔ ارشاد ہوتا ہے،

تاکید عبادت پہ یہ اب کہتے ہیں لڑکے
پیری میں بھی اکبر کی ظرافت نہیں جاتی

گویا بعد و بیگانگی کی حد یہ ہے کہ عبادت کی کوئی سنجیدہ اہمیت تو ذہن میں آ ہی نہیں سکتی اور اب جو کوئی تاکید کرتا ہے تو خیال لامحالہ ہی گذرتا ہے کہ بجز مذاق، ظرافت، دل لگی کے اور ہو ہی کیا سکتا ہے؟ اب ملت کی مشغولیت سوا اس کے باقی ہی کیا رہ گئی ہے کہ صلاح و فلاح کی حقیقی تدبیریں اور ان کی جانب توجہ غائب، آج یہ انجمن بنی اور کل وہ مجلس۔ چندہ اس میں بھی دیجئے اور اس میں بھی اور ترقی کے بجائے سایہ ترقی کو کافی سمجھ لیجئے۔

کمیٹی میں چندے دیا کیجئے
ترقی کے لئے کیا کیجئے

جدید حریت، جدید تعلیم و جدید کمیٹی بازی اور جلسہ سازی، حضرت اکبر ان سب چیزوں کے شدید مخالف تھے۔ چندہ کا رواج نیا نیا انہیں کے زمانہ میں نکلا تھا اور

خوب زور و شور سے پھیل گیا تھا، اس لئے ان کے ترکش طنز کے تیروں کا بڑا ہدف یہی چندہ رہا کرتا تھا۔ ذیل کی مصوری ان کے اپنے نقطہ خیال سے کتنی دلکش اور کیسی جامع ہے،

قوم ضعیف تنگ ہے چندوں کی مانگ سے
کالج کے چیونٹے لپٹے ہیں ٹیڑھی کی ٹانگ سے
عالم ہیں چپ جو مستند و باوقار ہیں ۷
گونجا ہوا پریس ۸ ہے وفاتی کے سانگ سے

نیت دنیا طلبی و دنیا پرستی کی، ایک آڑ مذہب کی، مقصود و مطلوب دنیا لیکن زبان پر نام دین و مذہب کا۔ اکبر یہ رنگ دیکھتے ہیں اور ذرا دیکھئے، یہ رنگ ڈھنگ دیکھ، صدا کیا لگاتے ہیں۔

فرما گئے ہیں یہ خوب بھائی گھورن
دنیا روٹی ہے اور مذہب چورن

کھانا ٹھونس ٹھونس کر کھالیا جاتا ہے تو آخر چورن کی ضرورت پڑ ہی جاتی ہے۔ یہ نہیں کہ چورن کچھ دل سے مرغوب ہو۔ مقصود تو وہی کھانا ہی ہے لیکن کام نکلتا نہیں بغیر چورن کی مدد کے۔ خود مقصود تو وہی دنیا ہی ہے لیکن آڑ بہر حال مذہب کی۔

"گؤ رکشا" کی جد و جہد نئی نہیں پرانی ہے، اور تحریک خلافت کے زمانہ میں یعنی یہی کوئی ۱۹۱۹ء، ۱۹۲۰ء میں تو قدرتاً اس کا بڑا زور بندھا۔ مسلمان اتحاد کے جوش میں اس معاملہ میں بھی ہندوؤں سے کچھ آگے ہی بڑھ چلے۔ اکبر کا کہنا ہے کہ

خیر گائے کی جان تو بچی تو بچی، یہ بھی ایک سیاسی مصلحت سہی، مصلحت نہیں ضرورت تک کہہ لیجئے لیکن آگے چلئے۔ اصل ضرورت تو مسلمانوں کو اپنے احکام دین و شعار ملی پر توجہ کی تھی۔ تخیل کا یہ طیارہ، ظرافت کی پھلجھڑی بن کر یوں پیش ہوتا۔

چھوٹیں جو گائے ماتا حسرت سے اونٹ بولے
افسوس شیخ جی نے ہم کو پتا نہ سمجھا

اور یہ ترک ذبح کا مسئلہ تو پھر بھی ایک بڑا مسئلہ تھا۔ اکبرؔ کی نظر تو قومی و ملی زندگی کے چھوٹے چھوٹے جزئیات پر رہتی تھی۔ ایک روز مجلس میں راقم سطور حاضر تھا۔ ارشاد یہ ہو رہا تھا کہ "صاحب" کی دیکھا دیکھی اب تو ہماری ہر چیز انجمن سازی اور انجمن بازی کی نذر ہے۔ اتنے میں ذکر انجمن ترقی اردو کا نکل آیا۔ فرمایا جی ہاں دیکھئے نہ زبان ہماری اپنی چیز تھی، اب یہ بھی ہمارے سنبھالے نہیں سنبھلتی۔ ا سکے لئے بھی ایک انجمن کھڑی کی گئی ہے۔ جب ہی تو میں نے کہا ہے،

ہم سے چھن کر ہو گئی بزم ترقی کے سپرد
سچ کہا مرزا نے اب اردو بھی کورٹ ہو گئی

حکومت کے دربار میں عزت کی کرسی حاصل کرنے کا جو ایک ہی طریقہ و تدبیر ہے سب پر روشن و عیاں ہے، لیکن اسے کھلے لفظوں میں کہہ دینا سب سے لڑائی مول لے لینا ہے۔ اکبر اسی کی زندہ دلی ہے جو اس تلخی میں بھی ایک شیرینی اور حلاوت پیدا کر دیتی ہے،

عقل نے اچھی کہی کل لالہ مجلس رائے سے

جھک کے ملنا چاہئے ہم سب کو وائسرائے سے

"صاحب" کے ہاں عزت پانے پر ان کے لئے "لالہ مجلس رائے" کیا خوب، اور اس کا قافیہ وائسرائے تو بہت ہی خوب! عقل بہ معنی مصلحت اندیشی، داد اور لطف قافیہ کے لئے ساتھ کا دوسرا شعر بھی معاً سن ڈالئے۔

شعر کیسا ہی ہو، لیکن قافیے اس کے ہیں خوب
کون ایسا ہے جو ہو مختلف اس رائے سے

ندرت تشبیہات، اکبر کے نسخہ ظرافت کا جزا عظم ہے۔ ایسی ایسی اچھوتی، نادر و لطیف تشبیہیں اور کہیں کہیں بھبتیاں انہیں خود بخود سوجھ جائیں، جو دوسروں کے ذہن میں سوچ بچار کے بعد بھی نہ آئیں۔ یہ ہم آپ سب ہی جانتے ہیں۔ روز مرہ دیکھتے رہتے ہیں کہ ایک طرف تو شوق صاحبیت کا سوار رہتا ہے۔ دوسری طرف کچھ رکھ رکھاؤ، کچھ ذات برادری والوں کا ڈر، کچھ وضع کا پاس غرض نہ بھاگا جائے ہے مجھ سے نہ ٹھہرا جائے ہے مجھ سے "۔ ایک تذبذب، گومگو اور دد عملی کا عالم قائم۔ چار قدم آگے بڑھے تو چھ قدم پھر پیچھے ہٹ گئے۔ کتر بیونت کچھ ادھر سے کی، کچھ ادھر سے۔ جوڑ پھر بھی ٹھیک نہ بیٹھا۔ نہ خدا کی یافت ہوئی نہ صنم کا وصال نصیب ہوا۔ ہنسے گئے، بنائے گئے، قہقہے ادھر سے بلند ہوئے، تالیاں ادھر سے بجیں، واقعیت کے اس سادہ نقش پر حضرت اکبر کی گلکاری ملاحظہ ہو۔

مغربی ذوق ہے اور وضع کی پابندی بھی
اونٹ پر چڑھ کے تھیٹر کو چلے ہیں حضرت

اکبر کے زمانہ میں سنیما کہاں تھا۔ تھیٹر ہی سب کچھ تھا۔ ناٹک دیکھنے کے لئے

کسی ثقہ بزرگ کا بہ ایں جبہ وعمامہ تشریف لے جانا، اور پھر اس کے لئے اونٹ جیسی مقدس سواری کا انتخاب کرنا جان بلاغت ہے۔ کیا کیا انگلیاں اٹھی ہوں گی جب حضرت سلامت کی سواری اس شان سے اونٹ پر نکلی ہو گی!

عام شاعروں پر قیاس کر کے لوگ اکبر سے بھی فرمائشی شاعری کی توقع رکھتے تھے۔ اور فرمائشوں کی بھرمار سے انہیں زچ کر دیتے تھے۔ آپ نے ہی یہ کیا کہ ساری توقعات سارے تقاضوں کے جواب میں ایک پر لطف اور اچھوتی تشبیہ پیش کر دی،

عشاق کو بھی مال تجارت سمجھ لیا
اس قہر کو ملاحظہ للہ کیجئے
بھرتے ہیں میری آہ کر فونوگراف میں
کہتے ہیں فیس لیجئے اور آہ کیجئے

اخباروں، رسالوں کی طرف سے فرمائشوں کی حد ہی نہ تھی۔ اکبرؔ کا نام چلا ہوا، شہرت خوب پھیلی ہوئی، ہر ایک یہی چاہتا کہ اس شہرت و ناموری سے خود فائدہ اٹھائے۔ اکبر کہاں تک سب کو خوش رکھتے اور پھر پیرانہ سالی میں، مروت میں انکار کرتے بھی نہ پڑتی۔ آخر ایک مرتبہ یہ شعر چھاپ دیا۔

یہ پرچہ جس میں چند اشعار ہیں ارسال خدمت ہے
ہمارے لخت دل ہیں، آپ کا مال تجارت ہے

یہ ضرور نہ تھا کہ تشبیہیں ہمیشہ نادر اور اچھوتی ہی ہوں۔ بعض جگہ معروف و مانوس بلکہ پامال تشبیہوں کو بھی استعمال کیا ہے مگر اس حسن وصنعت کے ساتھ کہ

اس تقلید پر جدتیں نثر ہو ہو جائیں۔ مشاطہ فن کا کمال اس سے بڑھ کر اور کیا ہوگا کہ ۶۰ سال کی بوڑھی ہاڑھی خاتون میں ۱۶ سال کی حسین و نوخیز لڑکی کا حسن و جمال رعنائی و محبوبی پیدا کر دے! بعض نامور استادوں کو دیکھا ہوگا کہ شعر کہنا تو کچھ واجبی ہی سا آتا ہے، البتہ محاورہ خوب باندھتے ہیں، لفظ کوئی غلط نہیں آنے پاتا، عرض کی لغزش کوئی نہیں ہونے پاتی۔ متروکات سے بہت محتاط رہتے ہیں، ذم کا پہلو کلام کے پاس نہیں پھٹکتا۔ اکبر کے نگار خانہ میں شبیہ ان حضرات کی ملاحظہ ہو۔

عشق کے معنی کے عالم تھے، مگر عاشق نہ تھے
صورت عذرا سے واقف تھے، مگر وامق نہ تھے

ایک دوسرا تعارف انہیں حضرات کا یوں کراتے ہیں۔

صورت لیلیٰ نہ دیکھی پڑھ لیا دیوان قیس
شاعری آئی نہیں لیکن زباندان ہو گئے

طبیعت میں مضمون آفرینی غضب کی تھی۔ نمونے اوپر ہی سے آپ دیکھتے چلے آرہے ہیں۔ ایک اور ملاحظہ ہو، اردو رسم الخط کے دشمنوں کا کہنا یہ ہے کہ اس کو گھسیٹ میں لکھا کچھ جاتا ہے۔ اور پڑھا کچھ۔ یہ کہنا کچھ صدق دل سے نہیں۔ تمام تر پروپیگنڈا کے ماتحت ہے۔ واقعہ یہ ہے کہ دیوناگری کی گھسیٹ تحریر اردو سے کہیں زیادہ چوپٹ ہوتی ہے اور اس کی مضحکہ انگیز مثالیں، عدالتی کارروائیوں، دستاویزوں وغیرہ کے حوالہ سے اخباروں میں بارہا نکل چکی ہیں۔ اب دیکھئے کہ اکبر کی نازک خیالی نہ اس خشک حقیقت سے کیسا طرفہ مضمون نکال کھڑا کیا،

دوستوں تم کبھی ہندی کے مخالف نہ بنو

بعد مرنے کے کھلے گا کہ یہ تھی کام کی بات

بسکہ تھا نامہ اعمال مرا ہندی میں

کوئی پڑھ ہی نہ سکا، مل گئی فی الفور نجات

زمانہ کی ناقدری، شاعری کی دنیا کا بڑا پرانا مضمون ہے۔ سب ہی سب شاعر سامعین کی بد مذاقی کا رونا روتے چلے آئے ہیں، لیکن یہی صدائے درد، جب چمنستان ظرافت کے اس عندلیب کی زبان سے نکلتی ہے تو نغمہ لطیف بن کر جلاتی ہے۔ رلاتی نہیں ہنساتی ہے اور چٹکی گدگدی میں تبدیل ہو کر رہتی ہے۔

قدر دانوں کی طبیعت کا عجب رنگ ہے آج

بلبلوں کو ہے یہ حسرت کہ وہ الو نہ ہوئے

اردو دانوں، اردو خوانوں، اردو نویسوں کی بزم میں "مرحبا" اور سبحان اللہ کی کیا کمی۔ تحسین کے وہ غلغلے، آفرین کے وہ آوازے بلند ہوں کہ محفل کی محفل گونج جائے۔ در و دیوار ہل ہل جائیں لیکن لفاظی کے اس شور و ہنگامہ کے آگے ؟ بس خلا ہی خلا، بڑی سے بڑی علمی تحقیق و کاوش میں سر کھپایئے۔ اس کے بعد خود ہی اپنے ہاتھ سے مسودہ صاف کیجئے۔ مطبع والوں کے دروازہ پر دستک دیجئے، ان کے سارے شتر غمزے برداشت کیجئے۔ وعدے و صبر آزما کر پریس کے شکنجہ میں کتاب کے صفحوں کے ساتھ ساتھ اپنی روح کو بھی شکنجہ میں دبوایئے۔ اور جب کتاب پریس سے باہر آئے۔ تو خود ہی اشتہار لکھئے۔ اور پھر مدتوں خود ہی پڑھتے رہئے۔ کتابیں یا تو دوستوں کو ہدیہ تقسیم کر دیجئے، ورنہ ڈھیر اپنے سامنے لگا دیکھ کر بس خوش ہوتے رہئے۔ یہ خشک حقیقت اردو اہل قلم کے لئے کیسی ہی یاس انگیز دل شکن، ہمت توڑ

سہی ۹ لیکن دیکھئے ظرافت کی مسیحائی نے اس بے جان لاشہ میں کیسی جان ڈال کر اسے گویا کر دیا ہے۔

کھلا دیوان مرا تو شور تحسین بزم سے اٹھا
مگر سب ہو گئے خاموش جب مطبع کا بل آیا

شاعروں کا ضعف و ناتوانی، العظمۃ للہ! ضرب المثل کے درجہ تک پہنچا ہوا، جسے دیکھئے سب ہی اپنی صحت سے نالاں، اپنی لاغری سے متعلق نوحہ خوان، ہمارے حضرت اکبر نے اس پامال مضمون می ندرت یہ پیدا کی کہ کمزور وناتواں اپنی صحت ہی کو نہیں، اپنی بیماری کو بھی باندھا، اور اپنے مرنے کو اپنی بیماری ہی کی کمزوری کے بل پر ثابت کر دکھایا۔ فرماتے ہیں، ۱۰

کمزور ہے میری صحت بھی، کمزور میری بیماری بھی
اچھا جو رہا کچھ کر نہ سکا، بیمار پڑا تو مر نہ سکا

ندرت قوانی کے تو بادشاہ تھے۔ ایسے ایسے نادر قافیے ڈھونڈھ ڈھونڈھ کر لاتے کہ ان کے تصور ہی سے دوسروں کا قافیہ تنگ ہو جائے۔ یوں کہئے کہ ان کے نمک دان ظرافت کی نمکینی اکثر یہی جنس نایاب قائم کئے ہوئے، ایک جگہ بڑھاپے کی آپ بیتی، دکھ درد کی کہانی سناتے ہیں، لیکن طبیعت کی شوخی کا یہ عالم کہ سننے والوں کو رلانے کی جگہ ہنساتے جاتے ہیں۔

ہر طرح راحت تھی مجھ کو دانت سے
قافیہ ان کا ملا تھا آنت سے
صحت اب بگڑی تو ان میں درد ہے

اس طرف دیکھو تو معدہ سرد ہے
خواب راحت کس کو، کھانا کون کھائے
رات بھر کرتا رہا ہوں ہائے ہائے
درد کے آگے رہا منجن بھی گرد
مصطگی بھی رہ گئی باروئے زرد!

ایک دوسرا ازعفران زار اس سے بھی بڑھ کر ملاحظہ ہو،

دانت کا درد بدستور چلا جاتا ہے
وہی مازو، وہی کافور ۱۱ چلا جاتا ہے
ڈارون ۱۲ کے اسی لکچر کا سبق ہے اب تک
وہی بندر وہی لنگور چلا جاتا ہے
برق کے لمپ سے آنکھوں کو بچائے اللہ
روشنی آتی ہے اور نور چلا جاتا ہے

"روشنی" اور "نور" کا یہ نازک فرق اس کے قبل کسی کو کیوں سوجھا ہو گا! اور پھر برقی لیمپ سبحان اللہ۔ نور علی نور۔ قطعہ کا آخری شعر ہے۔

شیخ صاحب کی کمر جھک گئی اور دل نہ جھکا
آج تک شوق سقنقور ۱۳ چلا جاتا ہے

اشعار ذیل میں جان محض قافیہ نے ڈال دی ہے،

جو سچی بات ہے کہوں گا بے خوف و خطر اس کو
نہیں رکنے کا میں ہرگز پری ٹوکے کہ جن ٹوکے

انار آتے جو کابل سے تو پڑتے سب کے حصہ میں
امیر آئے تو کیا آئے مزے ہیں لارڈ منٹو ۱۴ کے

"منٹو کے "کا قافیہ "جن ٹو کے "لانا بس اکبر ہی کا حصہ تھا۔

ایک غزل اسی زمین میں ہے "مجلس تو باقی ہے"، "نرگس تو باقی ہے۔" اس کے مقطع میں قافیہ "پیرس" کا لائے ہیں، اور وہ بھی کس روانی و بے تکلفی کے ساتھ۔۔۔

یہ مصرعہ قافیہ ہی کے لئے ہے خوب اے اکبرؔ
جو اجڑا لکھنؤ کچھ غم نہیں، پیرس تو باقی ہے

اگر چہ اس میں واقعیت پر ظلم اچھا خاصہ ہو گیا ہے۔ لکھنؤ غریب انتہائی اوج شباب کے زمانہ میں بھی بھلا پیرس کے مقابلہ میں کیا ٹھہر سکتا تھا، ظریفانہ کلام میں بارہا لفظ پست و مبتذل لاتے لیکن موقع محل ایسا چھانٹ کر نکالتے، بندش اس خوبی سے کرتے اور مصرعہ اس ٹھاٹھ کا رکھتے کہ پستی و ابتذال غائب، کلام میں بجائے تنافر کے لطف و شگفتگی قائم، مذاق سلیم پکار اٹھتا کہ بے شک اس خاص موقع کے لئے یہی لفظ مناسب تھا اور یہی موزوں، ایک شعر چند ہی صفحہ ادھر نقل ہو چکا ہے۔

شان نماز اکبر شاہانہ ہو چلی ہے
مسجد الگ بنائیں اپنی میاں وفاتی

"میاں وفاتی" کے لفظ سے بڑھ کر جامع اور بلیغ اس موقع کے لیے اور کیا ہو سکتا ہے!

اقبال کی مشہور نظم "جواب شکوہ" کا وہ مشہور بند تو سب کے ذہن میں ہو گا۔

جا کے ہوتے ہیں مساجد میں صف آرا تو غریب
رحمت روزہ جو کرتے ہیں گوارا تو غریب
نام لیتا ہے اگر کوئی ہمارا تو غریب
پردہ رکھتا ہے اگر کوئی تمہارا تو غریب
امرا نشہ دولت میں ہیں، غافل ہم سے
زندہ ہے ملت بیضا غربا کے دم سے

اکبر نے مضمون کے اس سارے دربار کو اپنے دو مصرعوں میں، بلکہ کہنا چاہئے کہ ایک ہی مصرعہ کے کوزہ میں بند کر دکھایا ہے،

اسلام کی رونق کا کیا حال کہوں تم سے
کونسل میں بہت سید، مسجد میں فقط جمن

"کونسل میں بہت سید، مسجد میں فقط جمن۔" بہت خوب، بہت خوب، فرماتے ہیں کہ ایک بار دلی جانا ہوا۔ زمانہ کوئی ۱۹۱۴ء کا۔ وائسرائے بہادر کلکتہ سے منتقل ہو کر دلی آچکے تھے۔ اور دلی بڑی تیزی کے ساتھ "نئی دلی" بنتی جا رہی تھی۔ اجلاس امپریل کونسل ۱۵ کا ہو رہا تھا۔ ہندوستان بھر کے چوٹی کے مشاہیر مسلمان ہر ہر صوبہ کے جمع تھے۔ ایک دن محلہ کی مسجد میں مغرب کی نماز پڑھنے گیا۔ نماز کے وقت پھٹے حالوں ایک موذن صاحب نظر آئے، اور انہیں کے طبقہ کے دو ایک نمازی، بس کل اتنی ہی جماعت۔ نماز کے بعد میں نے مؤذن سے پوچھا کہ کیوں میاں، سر۔۔۔ بھی کبھی نماز پڑھنے تشریف لاتے ہیں؟؟ موذن بے چارے نے ان کا نام بھی نہیں سنا تھا، حیرت سے میرا منہ دیکھنے لگا، میں نے اور سوال دو ایک اور مشہور

لیڈروں کے متعلق کئے کہ اچھا فلاں خان بہادر، فلاں نواب صاحب، فلاں آنریبل بیرسٹر صاحب تو ضرور ہی کبھی آتے ہوں گے وہ غریب ہر مرتبہ ہکابکا، تب میں نے کہا اچھا تو یہ کہو،

"کونسل میں بہت سید مسجد میں فقط جمن"

پیش مصرعہ بعد کو لگایا۔

ذکر غالباً ۱۹۱۵ء کا ہے۔ اس خاکسار کو الہ آباد میں حضرت اکبر کے مہمان ہونے کا شرف حاصل تھا، اتفاق سے شیعہ کانفرنس کا جلسہ بھی اس زمانہ میں الہ آباد میں ہو رہا تھا۔ ایک روز شب کے کھانے پر حضرت اکبر نے دو ایک صاحبوں کو اور بلایا تھا۔ کھانے کے بعد حضرت اکبرؔ مسلمانوں کی زبوں حالی پر تاسف کر رہے تھے کہ ایک صاحب بول اٹھے کہ کچھ بھی سہی، بہر حال شیعوں سے تو ہماری اخلاقی و معاشری حالت بہتر ہے۔ "لسان العصر بولے کہ جی، کیا بات آپ نے پیدا کر دی ہے، ہم ساری خدائی سے ذلیل سہی، پھر بھی یہ اطمینان کچھ تھوڑا ہے کہ شیعوں کی حالت ہم سے بھی ابتر ہے، اور جب ہی تو میں نے بھی عرض کیا ہے۔

ہر چند بے وقار ہیں مرزا کو غم نہیں
کیا کم ہے یہ شرف کہ وفاتی سے کم نہیں

کیا کم ہے یہ شرف، اس ٹکڑے کو مکرر پڑھئے۔

ایک جگہ "صاحب" کے مقابلے میں صاحبیت کے مارے ہوئے گروہ کا چربہ ان الفاظ میں اتارتے ہیں۔

مسجد میں شیخ صاحب! گرجا میں لاٹ صاحب

بدھو فلاسفی کے کمرے میں سڑ رہے ہیں

کسی پچھلے کلیات میں مسلمانوں کے یاس انگیز مستقبل کا ان الفاظ میں نقشہ کھینچ چکے ہیں۔

حکم برٹش کا، ملک ہندو کا

اب خدا ہی ہے بھائی صلو کا

پھر جب ۱۹۱۹ء میں مسلمانوں کے ایک مشہور و ممتاز عالم نے تحریک ترک موالات میں بالکل گاندھی جی کے نقش قدم پر چلنے کا اعلان کیا تو ارشاد ہوا۔

بدھو میاں بھی حضرت گاندھی کے ساتھ ہیں

گو مشت خاک ہیں مگر آندھی کے ساتھ ہیں

اکبرؔ حرفوں سے مرکب لفظ نہیں بولتے پوری کی پوری تصویر کھینچ دیتے ہیں۔ لفظ "بدھو میاں" سے بڑھ کر اور جامع تر اس موقع کے لئے اور ہو کیا سکتا تھا! کلیات اول میں مسلمان خاتون کی تعلیم کا عکس بھی ایسے ہی آئینہ میں دکھا چکے ہیں۔

ترقی کی تپین ہم پر چڑھا کیں

گھٹا کی دولت اسپیچیں بڑھا کیں

رہیں ہر پھر کے آیا، بی نصیبن

وہ گو اسکول میں برسوں پڑھا کیں

غرض یہ کہ کلو، صلو، پیرو، حسو، بدھو، گنگو، گھورن، جمن، وفاتی، شبراتی، کریمن، نصیبن وغیرہ کوئی لفظ بھی اکبر کی ٹکسال سے باہر نہیں اور وہ ہر جگہ کام ان سے اپنی مرضی کا لیتے رہتے ہیں۔ اور خیر یہ تو پھر بھی علم تھے۔ یعنی مردوں،

عورتوں کے ذاتی و شخصی نام، کمال یہ تھا کہ زبان کے عام لفظ مبتذل طبقہ سے اٹھا کر لاتے اور اپنے حسن بندش و کمال مرصع سازی سے کرخت، بد زیب و بد ہیئت سنگ ریزوں کو نگینہ بنا کر خاتم شعر میں جڑ دیتے۔ داغ کی ایک مشہور غزل ہے۔

لطف مے تجھ سے کیا کہوں زاہد
ہائے کم بخت تو نے پی ہی نہیں

اکبرؔ نے بھی اسی زمین میں طبع آزمائی کی ہے، مطلع ملاحظہ ہو،

مذہبی بحث میں نے کی ہی نہیں
فالتو عقل مجھ میں تھی ہی نہیں

یہ "فالتو" بھی کیا خوب! اکبر کے سوا یہ کس کے بس کی ابت تھی کہ دیو میں پری کا حسن و جمال پیدا کر دے! شاعر کے ذہن میں جو تحقیری تصور، ایسی عقل سے متعلق تھا، اسے کس خوبصورتی سے اس لفظ نے ادا کر دیا!

کلیات دوم میں ایک قطعہ آزادیٔ نسواں پر ہے، کوئی صاحب اپنے گھر میں بے پردگی کے خلاف کوئی وعظ شروع کرتے ہیں، لڑکیاں تردید پر آمادہ ہو جاتی ہیں اور سند میں "دولہا بھائی" کی رائے پیش کرتی ہیں۔

دولہا بھائی کی ہے یہ رائے نہایت عمدہ
ساتھ تعلیم کے تفریح کی حاجت ہے شدید

اس کے آگے یہی لڑکیاں، خاندان کے مردوں سے مخاطب ہو کر کہتی ہیں،

خود تو گٹ پٹ کے لئے جان دیے دیتے ہو
ہم پہ تاکید کہ پڑھ بیٹھ کے قرآن مجید

"گٹ پٹ "! جی ہاں ! انگریزی کی ابجد نہیں، اے بھی سی ڈی نہیں، صرف گٹ پٹ! حق یہ ہے کہ زبان کا کوئی لفظ بھی بجائے خود نہ مبتذل ہے، نہ خلاف متانت۔ اصل شے اس کا موقع و محل استعمال ہے اور اکبر اس موقع شناسی کے بادشاہ تھے۔

الفاظ سے گذر کر یہی سلوک محاوروں، مثلوں کے ساتھ کرتے رہتے۔ بازار میں چلتے پھرتے کہیں سے یہ محاورہ ہتیا لائے۔ کہیں سے وہ، بلاغت کے سانچہ میں ڈھال، رنگ روپ ان کھلونوں کو کچھ اس طرح کا دے دیا کہ اب جس کی نظر پڑی، لٹو ہو گیا۔ لڑکوں کا ذکر نہیں۔ اچھے ثقہ، بڑے، بوڑھے انہیں کمال صناعی کا نمونہ سمجھ کر اپنی میز پر، ڈرائنگ روم کی کانسوں پر جگہ دینے لگے، فرش کو ان آرائشوں سے سجانے لگے، گلدانوں میں ان پھولوں کو رکھنے لگے۔ ایک جگہ فرماتے ہیں،

الفاظ ثقیلہ کو مغرب نے کیا خارج
اب دم کی جگہ ملت، نمدے کی جگہ کالج

"ہات تری دم میں نمدہ" یہ زبان شرفا کی نہیں، عوام کی ہے لیکن اکبر کی کان نمک میں آکر ہر شے نمک ہی بن جاتی ہے۔ اس لطف و لطافت کے ساتھ انہوں نے ان کو کھپایا کہ بزگان محفل کے چہروں پر شکن پڑنے کے بجائے اور مسکراہٹ آ گئی۔ ظرافت کا ایک راز یہ بھی تھا کہ الفاظ و حروف کی باہمی مناسبتوں کی جانب ذہن بڑی تیزی کے ساتھ منتقل ہوتا۔ اور پھر ان مناسبتوں کے بل پر تخیل دلچسپ و پر لطف نکتے طرح طرح کے پیدا کرتا رہتا، فرماتے ہیں،

پا کر خطاب ناچ کا بھی ذوق ہو گیا

سر ۱۶ ہو گئے تو بال ۷ اکا بھی شوق ہو گیا

سرحد کے قریب کیمبل پور کے کوئی صاحب منشی الف دین نامی تھے، ان بے چارہ نے ایک مثنوی حقانیت اسلام پر لکھی، اور حضرت اکبر کے پاس ریویو کے لئے ارسال کی۔ پیر ظریف نے دو مختصر مصرعوں میں جامع و مانع ریویو کر دیا، تصنیف و مصنف دونوں پر۔

الف دین نے خوب لکھی کتاب

ملی جس سے "بے دین" کو راہ صواب

پہلے مصرعہ میں الف کے لام کو ساکن نہیں کسرہ کے ساتھ پڑھئے۔ دوسرے مصرعہ میں اس "الف" کے مقابلہ میں "ب" پڑھئے۔ سارا کھیل بس الف بے کا ہے۔

ذیل کا قطعہ کیا ہے، ایک مستقل گدگدی ہے، بڑے بڑے خشک مزاج کے لئے بھی اور بات کچھ نہیں، لفظی بھی نہیں، محض لفظی ہیر پھیر۔۔۔

یہ کہتے تھے اک لالہ باوقار

کہ عربی حروف اب تو ہیں ہم پر بار

رکی ہے انہیں سے ہماری نمود

یہ کھسکیں تو ثابت ہو اپنا وجود

کہاں کا حرام اور کہاں کا "حلال"

ہٹے حائے حطی، رہیں "رام لال۔"

"حرام" اور "حلال" سے حائے حطی ہٹا کر دیکھ لیجئے نا، وہی رام اور "لال" باقی

رہ جائیں گے۔

کبھی یہ بھی کرتے کہ کوئی عام و معمولی سا لفظ لے لیتے، اس کے حروف میں قطع و برید کر کے نئے نئے شگوفے معانی و مطالب کے پیدا کر دکھاتے۔ الفاظ وہی جو روز ہم آپ بولتے، سنتے رہتے ہیں۔ اکبر کی ذہانت بس اس کے اجزاء ترکیبی میں الٹ پھیر کر کر، نئے نئے قالب تیار کر دیتی اور قوت خلاقی ان کاغذی پتلوں میں نازک خیالی اور معنی طرازی کی روح پھونکنی چاہتی۔ ایک آدھ مثال اس صنعت گری کی ابھی اوپر گذر چکی ہے اور دو ایک مثالیں وہ بھی بے ساختہ دھاوا کئے، زبان قلم پر چلی آ رہی ہیں۔ لکھنؤ سے ۱۹۱۶ء میں جب روزنامہ ہمدم پہلے پہل نکلا ہے جالب مرحوم دہلوی کی ادارت میں اور اس نام کے موجودہ اخبار سے بالکل ہی مختلف، تو اس پر ارشاد ہوا۔

خوب ہے نام اس کا گر ہمدم رہے
"دم" نکلنے پر بھی باقی "ہم" رہے
کیا بے تکلف مسجع ہے!

الف، ب، ت، کے نام سے واقف تو جاہل تک ہیں لیکن کسی بڑے عالم نے بھی محض ان ناموں سے تصوف و معرفت کا یہ درس کیوں حاصل کیا ہو گا۔

الف، بت ہی کو پڑھ کر میں سمجھا
الف اللہ کا، اور ماسوا بت

"ب' اور "ت" کو ملایئے تو بت بن جاتا ہے یا نہیں؟ بس تو اکبر کا کہنا یہ ہے کہ الف تو اللہ کا ہو گیا ور اللہ کے سوا ب جو کچھ ہے وہ بت ہی بت ہے۔ کیا نیا رنگ

وحدت الوجود کو دے دیا ہے۔

"تعلیم" کا لفظ ہر شخص کی زبان پر ہے۔ علیؓ کا نام بھی عالم و عامی سب جانتے ہیں اور پڑھے لکھے تو انہیں باب مدینۃ العلم بھی مانتے ہیں۔ اب اکبر کی شاعری اور ساحری یہ ہے کہ ان دو بظاہر بالکل بے تعلق لفظوں کے درمیان رشتہ؟ اور وہ بھی کیسا گہرا پیدا کر دیتے ہیں۔

سجھاتی ہے مجھے نکتہ یہ میری طبع سلیم
"علی" کی "تم" میں جگہ ہو تو بس وہی تعلیم

ظاہری پہلو تو یہ ہوا کہ لفظ "علی" کو اگر "ت" اور "م" کے حصار کے اندر لے لیا جائے تو لفظ تعلیم بن جاتا ہے۔ معنوی پہلو یہ ہے کہ حب علیؓ کو قلب میں جگہ دینا حقیقی تعلیم ہے۔

سیاسیات کے دائرہ میں خود بلاغت ان کے اس تراش و خراش کی بلائیں لیتی ہے، سخن سنجی سر دھنتی ہے، معنی طرازی وجد میں آکر رہتی ہے۔ قطعہ ملاحظہ ہو،

"ہ" سے ہند "م" سے مسلم یہ دونوں مل کے "ہم"
سر پہ انگریزی "الف" اس سے ہوئی حالت "اہم"
ہے "الف" "ہم سے جدا، لیکن محافظ اور معین
اس کے سایہ میں رہیں "ہ"، "م" شامل ہوں بہم"

لفظ "اہم" کی کتابت میں دیکھئے نہ حرف "الف" کیسا اکل کھرا، الگ تھلگ سر کشیدہ نظر آتا ہے۔ بخالف اس کے "ہم" اور "م" باہم شیر و شکر، ایک دوسرے

سے مدغم۔ "ہ" اور "م" کے ادغام کی تصویر آج ۱۹۴۳ء میں تو شاعرانہ معلوم ہو گی لیکن ۱۹۔ ۲۰ء میں جب شعر کہا گیا ہے، اس وقت یہ نقل تمام تر مطابق اصل تھی۔ باقی انگریزی "الف" کی اہمیت اس کا اکل کھرا پن اور اس کا سر پر ہونا یہ کیفیتیں تو آج بھی جوں کی توں ہی ہیں۔ اس گلشن کے ایک دوسرے چمن کی سیر،

سر تراشا ان کا، کاٹا ان کا پاؤں
وہ ہوئے ٹھنڈے، گئے یہ بھی پگھل
شیخ کو یخ کر دیا، مومن کو موم
دونوں کی حالت گئی آخر بدل

شیخ کا سر "ش" تراش دیجئے تو بے چارہ یخ ہو کر نہ رہے تو اور کیا کرے؟ مومن کا پیر "م" کاٹ دیجئے تو بجز "موم" بن جانے اور اور کر ہی کیا سکتا ہے؟ باقی کس نے شیخ اور مومن کو یوں بے سر وپا کر دیا، تو اب کیا ناظرین اتنی سخن فہمی سے بھی گئے گذرے ہوئے۔

اکبر کے سنجیدہ کلام کا ذکر تو آگے آئے گا لیکن ظریفانہ شاعری بھی اس پیر ظریف کی معنویت سے خالی نہ ہوئی۔ اودھر مثالیں بار بار گذر چکیں، کبھی کبھی اتفاقیہ دو چار شعر محض ہنسنے ہنسانے کے لئے بھی کہہ دیتے، اور عموماً صرف پردہ ظرافت کا تھا۔ باقی اصلاً مد نظر، کسی مذہبی، اخلاقی یا سیاسی مسئلہ کی تعلیم ہی رہتی تھی۔ وہ بڑا فرق اپنے اور عام شاعروں کے درمیان پاتے۔ کبھی کہتے،

میں اپنے آپ میں ان شاعروں میں فرق پاتا ہوں
سخن ان سے سنورتا ہے سخن سے میں سنورتا ہوں ۱۸

یوں بھی کہا کرتے کہ شاعری سے مقصود تفریح و تفنن نہیں۔ یہ تو ایک آلہ ہے نفس کی تربیت و اصلاح کا۔ اور کہیں یوں ارشاد فرماتے،

تنخواہ کے لئے ہے نہ ہے راہ کے لئے
ہے میری شاعری دل آگاہ کے لئے
ہے یہ دعا کہ ترک فضول نصیب ہو
جو کچھ کہوں وہ ہو فقط اللہ کے لئے
اک غل مچا کہ اس کو بھی لیسنس ہے ضرور
منہ کھل چکا تھا، ورنہ میرا آہ کے لئے

سنجیدہ بیانی کے باوجود آخری شعر میں ظرافت کے چٹخارے کے بغیر نہ رہ سکے، مشہور و پر عظمت شخصیتوں کی مخالفتیں بڑے زور و شور کی ہوئی ہیں۔ اکبر کی مخالفت اس درجہ میں تو نہ ہوئی۔ پھر بھی کبھی کبھی تو یار لوگ فن عروض و لغت کی کتابیں بغل میں دبا نکلتے ہی رہتے اور کلام اکبر کی طرف انگلیاں اٹھا دبی زبان سے کہتے ہی رہتے کہ یہاں یہ فن کی غلطی ہے۔ وہاں یہ لغزش ہے۔ اکبر بحث و مباحثہ کے قریب بھی نہ جاتے، نہ زبانی نہ تحریری، دوسروں کو نصیحت کیا کرتے، کہ کبھی مدعی کے منہ نہ لگنا اور کسی صاحب دعویٰ سے سوال و جواب میں نہ پڑنا۔ پھر بھی بشر تھے۔ منہ میں زبان رکھتے ہی تھے کبھی کبھی کچھ کہہ ہی اٹھتے۔ جو بول ان کے منہ سے نکل جاتے، ظریفانہ ادب میں پتھر پر لکیر بن جاتے۔ ایک جگہ فرماتے ہیں،

تم سے استادوں میں میری شاعری بے کار ہے
ساتھ سارنگی کا بلبل کے لئے دشوار ہے

کہاں بل بل کی قدرتی، بے ساختہ ہم آہنگی، کہاں سارنگی کی مصنوعی روں روں! خیر یہ تقابل تو ہئی ہے، باقی یہ سارنگی کے ضلع میں استاد بھی کیا خوب! ایک دوسری جگہ شوخی کا رنگ ذرا تیز کر دیا ہے۔

قاعدوں میں حسین معنی گم کرو
شعر میں کہتا ہوں، ہجے تم کرو

اب چند شعر بلا کسی تنقید و تبصرہ کے یوں ہی ملاحظہ کر لیجئے، باغ کی سیر آزادی و بے فکری سے خود بھی تو ایک چیز ہے۔ یہ کیا پھولوں کے نام، نشان، رنگ و بو کی پوچھ پاچھ قدم قدم پر مالی سے ہوتی رہے۔

کیونکر خدا کے عرش کے قائل ہوں یہ عزیز
جغرافیہ میں عرش کا نقشہ نہیں ملا

ہمیں کیا بالشویک ۱۹ آ گیا یا روس آتا ہے
یہاں تو فکر سرمائی ہے ماہ اور پوس آتا ہے

ایرشپ ۲۰ سے ہم امان اے چرخ پائیں گے کہاں
آسماں بولا کہ ہم سے اڑ کے جائیں گے کہاں

ممبر علی مراد ہیں یا سکھ ندہان ہیں
لیکن معائنہ کو وہی نابدان ہیں

ہجر کی شب یونہی کاٹو بھائیو!
ان کا فوٹو لے کے چاٹو بھائیو

طاعون کی بدولت ان کو بھی ارتقا ہے

جا مارتے تھے مکھی، اب مارتے ہیں چوہے

شاعر جو ملازم ہوا اکبر دو قافیتیں ہے اس کا لقب

پوچھوگے یہ کیوں تو ضیح سنو، تنخواہ بھی ہے اور واہ بھی ہے

جب غم ہوا چڑھالیں دو بوتلیں اکٹھی

ملا کی دوڑ مسجد، اکبر کی دوڑ بھٹی

تھے معزز شخص، لیکن ان کی لائف کیا کہوں

گفتنی درج گزٹ باقی جو ہے ناگفتنی

ارتقانے کی برکت دیکھئے

تاجر اب اہل قلم ہیں بانس کے

محاورات کو بدلیں "براہ ریل" جناب

"ٹکٹ بدست" کہیں اب بجائے پابرکاب

شیخ جی کے دونوں بیٹے باہنر پیدا ہوئے

ایک ہیں خفیہ پولیس میں ایک پھانسی پاگئے

یہ سب زیادہ تر وہی شعر ہیں جو ان کے مطبوعہ کلیات میں موجود ملیں گے لیکن ظریفانہ کلام کا ایک اچھابڑا حصہ ایسا بھی ہے جس کے چھپانے کے وہ اپنی زندگی میں کسی طرح روادار نہ ہوئے۔ شاعر آخر شاعر، خدا جانے کیسے کیسے وہم انہیں گھیرے رہتے، اور چھاپنا تو الگ رہا، ناجنسوں کو سناتے تک بھی نہیں۔ کسی بے تکلف دوست یا نیاز مند کو اگر کہیں سنا بھی دیا تو سو تاکیدیں کہ خبردار اسے میری زندگی میں شائع نہ کر دینا، اس مخفی کلام کا بیشتر حصہ تو ایسا ہے کہ اکبر کی زندگی میں بھی بے

تکلف شائع کیا جا سکتا تھا اور اب دنیائے فانی سے ان کے تعلقات ختم ہو جانے کے بعد تو تھوڑا بہت مضائقہ بھی اس کی اشاعت میں باقی نہیں۔

لیکن مصیبت یہ ہے کہ وہ کلام بجز ان کے "صاحبزادہ" اور کسی کے پاس ہے کہاں؟ اور صاحبزادہ صاحب اس خزانہ کے سانپ کی حیثیت رکھے ہوئے ہیں۔ البتہ دو چار شعر، متفرق طور پر اِدھر اُدھر سے سنے سنائے یاد رہ گئے۔ وہ آگے حاضر ہیں، ہائے اس وقت کیا خبر تھی کہ چند روز میں یہ گوہر بے بہا ایسے نایاب ہو جائیں گے۔ اس وقت اس کا احساس ہوتا تو چرا کر چھپا کر ضد کر کے منا کر غرض زاری سے، زور سے زر سے جس طرح بھی ممکن ہوتا نقلیں ان کے منہ سے نکلے ہوئے الہامات کی ضرور ہی حاصل کر لی جاتیں!

اکبر بڑے گہرے مذہبی لیکن تقشف و تنگ خیالی سے بالاتر، عابد، عالم، صوفی تھے، زاہد خشک نہ تھے۔ سید احمد خانی تحریکوں کو ملت کے حق میں زہر قاتل سمجھ رہے تھے۔ خود سر سید کی زندگی میں ان کی تحریکوں کو اپنی میٹھی چھری سے کچو کے ہی دیتے رہتے۔ اور کلیات کے ہر حصہ میں تو خوب کھل کھیلے ہیں۔ تاہم ذات سر سید احمد خاں کے مخالف نہ تھے۔ اور ان پر جو فتاویٰ کفر کی بارش ہو گئی تھی، اس کے قائل نہ تھے کہتے تھے، خدائے رحمن و رحیم رحمت و مغفرت ہر کلمہ گو کے لئے بے پایاں ہے۔ ہمارے مولوی صاحبان نے خواہ مخواہ اسے اس قدر ضابطوں قاعدوں میں جکڑ رکھا ہے۔ وہاں تو نیت کا سوال سب پر مقدم ہے۔ مسلمان گنہگار کے حق میں بالکل مولانا روم کے ہم مسلک و ہم زبان تھے۔

ما دروں را بنگریم و حال را

مابروں را ننگریم و قال را

ناظر قلبیم کو خاشع بود

گرچہ گفت لفظ ناخاضع بود

آخر زمانہ کی ایک غزل 'دوا ہو یا نہ ہو'، 'شفا ہو یا نہ ہو' کی زمین میں ہے اس میں کہتے ہیں،

مولوی صاحب نہ چھوڑیں گے خدا گو بخش دے

گھیر ہی لیں گے پولیس والے سزا ہو یا نہ ہو

مولوی صاحبان کی تشبیہ پولیس والوں سے ہی بڑی پر لطف ہے، ایک طرف ان کا احترام بھی، فرض شناسی کی داد بھی، دوسری طرف ان کی ضابطہ پرستی پر طعن بھی! خیر یہ شعر تو عمومی پہلو رکھتا ہے۔ ایک رباعی اپنے مخصوص رنگ میں سید احمد خاں اور سید احمد خانیوں ہی کو پیش نظر رکھ کر کہی ہے۔ چوتھے مصرعہ میں شوخی ذرا اپنے حد سے تجاوز کر گئی ہے۔ یہ طریقہ اکبر کا نہ تھا۔ ہر بزرگ کے نام کا بڑا ادب و احترام ملحوظ رکھتے تھے۔ پہلے اور تیسرے مصرعہ کے الفاظ پوری طرح حافظہ میں نہیں، ممکن ہے کہ فرق ہو گیا ہو۔

کتا جیسے بہ فکر جیفہ دوڑے

یوں دہر پہ نیچری خلیفہ دوڑے

جب مر کے چلے ہیں سوئے جنت حضرت

لٹھ لے کے امام ابو حنیفہ دوڑے

آخر ۱۹۱۶ء تھا جب لکھنؤ میں رباعی اس زندہ دل زندہ جاوید شاعر نے اپنی

زبان مبارک سے سنائی تھی۔ مگر ساتھ ہی یہ بھی ارشاد ہوا تھا کہ "دیکھئے میری زندگی میں کہیں چھاپ نہ دیجیئے گا۔ ورنہ مولوی صاحبان جان غضب میں کر دیں گے۔ میں نے تو جنت کا سماں دکھلایا ہے۔ یہ لوگ اسی دنیا میں میرے اوپر لٹھ لئے لئے دوڑ پڑیں گے۔"

۱۹۱۹ء میں جب ٹرکی سے برطانیہ کی جنگ ختم ہو چکی تھی اور برطانوی مدبرین قسطنطنیہ سے ترکوں کے اخراج کا منصوبہ باندھ چکے تھے۔ اس وقت اسی قافیہ کے ساتھ پھر ایک رباعی ارشاد ہوئی۔ فرمانا یہ تھا کہ اسلام کا مذہبی اثر مدت ہوئی قلوب سے مٹ چکا ہے اور اب نہ کوٹھیوں اور بنگلوں میں کہیں عبادت کے چرچے ہیں، اور نہ درسگاہوں میں کہیں دینی تعلیم کا رواج ہے۔ لے دے کے دنیوی اقتدار کی یاد گارہ ایک ترکی سلطنت باقی تھی۔ یہ جھلملاتی شمع بھی زمانہ کی تیز آندھی کی جھکڑوں سے گل ہو کر رہی! مسلمانوں کے لئے یہ حادثہ قیامت کا حکم رکھتا ہے مجازاً ابھی حقیقۃً بھی۔ مجازاً تو ظاہر ہے کہ اس سے بڑھ کر مصیبت مسلمانان عالم کے لئے اور کیا ہو سکتی ہے کہ ان کا شیرازہ منتشر ہو گیا۔ اور حقیقۃً اس لحاظ سے کہ حدیث نبوی کی پیش گوئی کے مطابق قسطنطنیہ کے اسلامی حکومت کا اٹھ جانا قرب قیامت کی علامت ہے۔ اب دیکھئے اس سارے مضمون کو کیسا کوزہ میں بند کرتے ہیں۔

بنگلوں سے نماز اور وظیفہ رخصت
کالج سے امام ابو حنیفہ رخصت
"صاحب" سے سنی ہے اب قیامت کی خبر
قسطنطنیہ سے ہیں خلیفہ رخصت

مرثیہ کے مضمون کو لطیفہ کی صورت میں پیش کرنا، اکبر ہی کا حصہ تھا، اللہ اکبر!

ایک بار صوبہ کی حکومت علی گڑھ سے ناخوش ہوئی ادھر کا اشارہ پا اودھ کے شیعہ رئیسوں نے لکھنؤ میں ایک شیعہ کالج کی طرح ڈال دی، اندھا کیا چاہئے دو آنکھیں، تعلیم کے متوالے "روشن خیالوں" کو بھلا کالج سے کیوں اختلاف ہونے لگے۔ انہیں منہ مانگی مراد ملی۔ لیکن شیعوں میں بھی جو ذرا دور اندیش تھے وہ تاڑ گئے کہ یہ تو عین ضرب ہے علی گڑھ کی مرکزیت پر۔ عین اس زمانہ میں حضرت اکبر کا آنا لکھنو ہوا۔

ایک نامور شیعہ رئیس کے ہاں کے متوسل ایک صاحب ملنے آئے۔ چرچے تو ہر جگہ ہی ہو رہے تھے۔ یہاں بھی بات اسی کالج کی چھڑی۔ وہ صاحب بولے، "ہمارے سرکار اس لئے تو کالج سے بالکل الگ تھلگ ہیں۔ خواہ مخواہ شیعہ سنی کے درمیان ایک اختلاف کی بنیاد پڑ رہی ہے۔" اکبر تھے بڑے پکے سنی، لیکن انگریزی تعلیم اور انگریزی کالجوں کے حقیقت شناس کچھ اس سے بھی زائد۔ بولے جی نہیں، علی گڑھ والوں کو رشک کیوں ہو گا، وہ تو اور خوش ہوں گے کہ چلئے ہماری تحریک کو اور کامیابی ہوئی اور ہماری ہی ایک شاخ اور کھل کر رہی۔ جب ہی تو میں نے کہا ہے،

سید صاحب کو عذر کیوں ہونے لگا
کالج ہے یہ کچھ امام باڑا تو نہیں

یہ بھی کیا کوئی مذہبی چیز ہے؟ کوئی مسجد ہے، امام باڑہ ہے، علی گڑھ والے اس سے کیوں چڑھنے لگے۔ اس سے تو اور خوش ہوں گے کہ عین ان کے مشن کی

اعانت ہوئی۔"

کیا نگاہ تھی، قومی، ملی، مجلسی زندگی کے ہر بڑے چھوٹے، ایک ایک جزئیہ پر نظر رکھتے۔ نظر بھی کیسی عقابی ہمہ گیری نظر، لا یغادر صغیرۃ ولا کبیرۃ الا احصاہا ۲۱ کی مصداق۔ مجال کیا کہ ادھر کوئی واقعہ، غیر معمولی نہیں، معمولی سا بھی ہو اور ادھر وہ پیر ظریف کے رجسٹر میں درج نہ ہو جائے اور پھر جو تصویر تیار کرتے، اس میں کیسے کیسے بظاہر بے جوڑ واقعات میں جوڑ اور بے ربط حالات میں ربط پیدا کر دیتے تھے۔ دلکشی اور دلآویزی تو حصہ تھی ان کے تخیل کا۔ ذکر شروع ۱۹۱۷ء کا ہے۔ علی گڑھ کی مسلم ایجوکیشنل کانفرنس مسلمانوں کی بڑی چہیتی اور سب سے بڑی مرکزی انجمن ہے۔ اس کے کارفرما صاحبزادہ صاحب پر لے دے زور شور سے ہو ہی رہی تھی کہ وہ انڈیا کونسل کے ممبر ہو کر ولایت تشریف لے گئے ان کے جاتے ہی طوفان دھیما پڑ گیا۔ ایک واقعہ یہ اپنی جگہ پر تھا۔

دوسرا واقعہ عین اسی زمانہ میں پیش آیا کہ لکھنو میں ایک بزرگ تھے۔ مولوی نظام الدین حسن نیوتنوی، ایک اعلیٰ پنشنر عہدہ دار اور فن حساب وہئیت کے بڑے ماہر۔ انہیں رویت ہلال کے مسئلہ پر طبع آزمائی کی سوجھی، لکھنو کے اخبار ہمدم میں (وہ ہمدم مرحوم، موجودہ ہمدم سے بالکل مختلف تھا) لکھ دیا کہ علم ہیئت کا حساب کافی ہے، ہر مہینہ چاند دیکھ کر تاریخ شروع کرنے کی ضرورت نہیں۔ علماء شریعت اس بدعت پر کیسے سکوت اختیار کر سکتے تھے۔ فرنگی محل سے جواب پہ جواب نکلنے شروع ہوئے۔ کچھ لوگ ادھر سے اٹھ کھڑے ہوئے کچھ ادھر سے۔ اچھا خاصا اکھاڑا قائم ہو گیا، قلمی اور اخباری اکبر کی ذہانت کب چوک جانے والی تھی۔ دونوں بے تُکی بے

ربط واقعات کو ایک رشتہ میں پرو کر موتیوں کی لڑی تیار کردی۔ پوری نظم تو اب یاد نہیں پڑ رہی ہے۔ قطعہ کی جان آخری مصرع تھا۔

آفتاب احمد گئے تو چاند خاں پیدا ہوئے

کیا کہنا ہے زندہ دل قوم کا؟ کوئی نہ کوئی پھلجھڑی ہر روز اس کو چاہیئے۔ کل تک قوم کے آفتاب پر گرم گرم نگاہیں پڑتی رہیں۔ ان بے چارہ کی جان بچی، تو لیجئے رویت ہلال پر چاند ماری شروع ہو گئی!

۱۹۲۰ء کا آغاز تھا کہ تحریک خلافت کے سلسلہ میں ایک وفد کا یورپ جانا طے پایا۔ صدر وفد رئیس ملت مولانا محمد علی تھے۔ ایک رکن مولانا سید سلیمان ندوی (صاحب معارف) بھی قرار پائے۔ اکبر کو یہ بات ذرا کھٹکی کہ ایک عالم دین سیاسیات کا ضمیمہ بنے ہوئے ولایت جا رہے ہیں۔ شاعری کی ساحری اور الفاظ کی نظر بندی ملاحظہ ہو کہ چڑھی ہوئی تیوریوں کو بشرہ کی خندہ جبینی اور لبوں کی مسکراہٹ میں تبدیل کر کے یوں گویا ہوئے۔

سلیمان کی بات کیسی بنی
کہ ندوی سے اب ہو گئے لندنی
رہے بادہ نوشوں سے بیشک کھنچے
مگر چائے والوں سے گاڑھی چھنی
محمد علی کی رفاقت میں ہیں
خدا غیر سے ان کو کر دے غنی

دل کو شبہ کیا معنی، یقین ہے کہ یہ نظم بس اتنی ہی سی نہ ہو گی، کچھ اور بھی

ضرور فرمایا ہو گا لیکن اپنی زبان مبارک سے سنایا صرف اسی قدر تھا۔ نادر سہی لیکن کبھی کبھی ایسا بھی ہوتا کہ شوخ نگاری کی باگ ذرا ڈھیلی چھوڑ دیتے اور ظرافت کے حمام میں مخلی بالطبع ہو کر داخل ہوتے۔ اس وقت متانت اپنا منہ پھیر لیتی اور شائستگی کی آنکھیں نیچی ہو جاتیں۔ ایک ہلکا سا نمونہ اس صنعت کا بھی ملاحظہ ہو۔

یورپ میں جنگ عظیم برپا ہے، ترکی کی غریب پر ہر طرف سے یلغار ہے۔ بتیس دانتوں میں ایک زبان۔ روز یہی دردناک خبریں آرہی ہیں، آج یہ مقام گیا کل وہ، یہاں تک کہ حریف کا قدم سالونکا تک پہنچ گیا (اس مقام کا نام یاد رہے) سارا عالم اسلام ہیجان، اضطراب میں مبتلا، مرکز خلافت کی مظلومیت و بے کسی پر دنیائے اسلام کا ایک ایک گھر ماتم کدہ بنا ہوا۔ عین اس وقت حضرت اکبر اپنے بند کمرہ میں یہ چار مصرعے بے تکلف دوستوں کو سناتے ہیں۔ منٹ دو منٹ کے سہی، اداس چہروں پر بشاشت دوڑ جاتی ہے اور غم ناک آہیں بھرنے والے بے اختیار کھکھلا کر ہنس پڑتے ہیں۔ ارشاد ہوتا ہے،

یورپ کی لیڈیاں بھی ترکی حرم میں آئیں
ملحوظ رکھے دنیا اس رشتہ بہم کو
پھر کر کے اس پر قبضہ کہہ دیں یہ ترک ان سے
سالونکا سے اب تو سالونکالو ہم کو

نظم شدہ شدہ دلی کے ایک ہفتہ وار کو ہاتھ لگ گئی اور اس نے اپنے یہاں چھاپ بھی دیا۔ حضرت اکبر کو خبر ہوئی، بہت بگڑے، جزبز ہوئے۔ اس خاکسار نے عرض کیا کہ اتنی ناخوشی کیوں؟ جس لفظ کو آپ اتنا کریہہ خیال فرمارہے اس میں آپ نے

کراہت اور اس کی دشنامی حیثیت باقی ہی کب رہنے دی ہے ؟ پہلے اور دوسرے مصرعہ میں تو آپ نے خود ہی رشتہ کا اعلان کرکے دنیا کو خوب جتا دیا ہے۔ اب وہ رشتہ کا مستقل نام ہو گیا ہے، اب گالی کہاں باقی رہی ؟

سیاسیات

سیاسیات سے براہ راست حضرت اکبر کو کوبھی دلچسپی نہیں رہی، نہ ان کا یہ فن، نہ اس موضوع سے انہیں کوئی خاص مناسبت لیکن تھے پورے مشرقی، اور مشرقی سے بھی بڑھ کر پکے مذہبی۔ اور دل و دماغ نہایت درجہ حساس، اس لئے مذہب کی توہین اور مشرقیت کی چوٹ پر تڑپ جاتے اور جب کبھی سیاسی کانٹوں کو مذہب واخلاق کے دامن سے گستاخیاں کرتے دیکھتے تو قدرتاً یہ بات ان کے دل میں چبھ جاتی اور مجبوراً خارزار سیاست میں قدم رکھ کر کانٹوں کو ایک ایک کرکے چنتے۔

عمر کا بیشتر حصہ سرکاری ملازمت میں گذرا اور آخری حصہ تو خاصے اعلیٰ عہدوں پر۔ اس کے بعد بھی پنشن کے طوق سے گرانبار اور خطاب خاں بہادری کی زنجیر طلائی سے پابجولاں اس لئے زبان پر آخر وقت تک مصلحت اندیشیوں کی مہر لگی رہی اور ناطقہ قلب و دماغ کی پوری ترجمانی نہ کرسکا۔ تاہم ظرافت کا نسخہ ایسا ہاتھ میں موجود تھا کہ جسے جتنی تلخ دوا چاہئے کھلا دیتے۔ اور اوپر شکر کا غلاف اس قدر دبیز رکھتے کہ کھانے والا حلق سے کڑوی کسیلی گولیاں اتارتا اور ادھر زبان ہے کہ فرط حلاوت وشیرینی سے ہونٹ چاٹتی رہتی۔

۱۹۲۱ء میں تحریک خلافت و تحریک ترک موالات دونوں کا ہیجان اپنے پورے شباب پر تھا، وفات سے چند ماہ بلکہ شاید چند ہفتہ ہی قبل ایک پورا رسالہ گاندھی نامہ

کے نام سے کہہ ڈالا اس میں خلافت و ترک موالات کی تحریکوں کے تمام پہلوؤں کے متعلق ہر فریق کے خیالات کی ترجمانی کی ہیں۔ افسوس ہے کہ ایسی پر لطف نظم نہ مرحوم کے زمانہ میں شائع ہوئی نہ اب اس کے بعد ہی۔ جب شاعر اور خود ان تحریکات کو بھی ختم ہوئے اتنا عرصہ ہو چکا ہے اور اب اس نظم میں ظاہر ہے کوئی زندہ لطف بھی باقی نہیں رہ سکتا زندہ لطف تو جبھی تک رہتا ہے جب تک وہ شخصیتیں جاگتی رہتی ہیں وہاں تاریخی لطف البتہ بالکل دوسری چیز ہے۔ وفات سے چند ہفتہ قبل، جب آخری بار الہ آباد میں حاضر خدمت ہوا ہوں چند شعر زبان مبارک سے سننے میں آئے تھے۔ افسوس ہے کہ اب ان میں سے کوئی بھی یاد نہیں نقل لینے کی اجازت تو اس وقت کیا ملتی؟ خود میری ہمت اجازت مانگنے کی نہ پڑی۔

کلیات سوم میں سیاسی اشارے کنائے، رمز تلمیحیں ایک دو جگہ نہیں پچاسوں سینکڑوں جگہ ملیں گی۔ کہیں کہیں ایسا ہے کہ کوئی مخصوص مسئلہ نہیں بیان کیا ہے بلکہ ملک کی عام سیاسی فضا کی مصوری کی ہے ایسے موقعوں پر اکثر قالب غزل کا اختیار کیا ہے چنانچہ جب نظر بندیوں کی گرم بازاری تھی اور محمد علی، شوکت علی، ابو الکلام سب نظر بند ہو چکے تھے۔ ذیل کی بلیغ و پر معنی غزل ارشاد ہوئی۔

زبان ہے ناتوانی سے اگر بند
مرے دل پر نہیں معنی کے در بند
ہماری بے کسی کب تک چھپے گی
خدا پر تو نہیں راہ خبر بند
بیاد رنج یاران نظر بند

کیا ہم نے بھی اب ملنے کا در بند
دلوں میں درد ہی کی کچھ کمی ہے
نہیں ہے آہ پر راہ اثر بند
بت مشرق نہیں محتاج ساماں
کمر ہی جب نہیں کیسا کمر بند
کہوں گا مرثیہ اس غم میں ایسا
کھلے معنی دکھائے جس کا ہر بند
خیال چشم فتاں میں ہوا محو
مرا دل اب ہے سینہ میں نظر بند

لیکن اظہار خیال کی یہ صورت بس خال ہی خال ہے۔ عام دستور یہ ہے کہ یا تو سیاسی فلاح و ترقی کی کوئی خاص اصل بیان تحریر کرتے ہیں یا اسباب تنزل میں کسی متعین سبب کی جانب رہنمائی کرتے ہیں۔ یا موجودہ صورت حال سے مستقبل کی پیشین گوئیاں کرتے ہیں اور یا پھر حریف کے کسی زبردست وار کو رد کرتے ہیں۔ تحریری سیاسیات کا عالم جیسا کچھ دشوار گذار ہے، سب کو معلوم ہے۔ بڑے بڑے محتاط مسافروں اور بڑے بڑے ہوشیار سیاحوں نے جب اس وادی میں قدم رکھا ہے، تو اپنے تیئں زخموں سے چور اور جراحتوں سے فگار ہی پایا ہے لیکن اس پیمبر سخن کا اعجاز یہ تھا کہ اس کے قدم رکھتے ہی یہ خارزار بھی چمنستان بن گیا۔ سفر کی خستگی تفریح میں تبدیل ہوگئی اور کانٹوں کی چبھن کی جگہ پھولوں کی مہک نے لے لی۔

اعتراض بہت پرانا ہے کہ مسلمانوں نے اپنے مذہب کی اشاعت بزور شمشیر کی۔ ایک لطیف الزامی جواب کی جانب سب سے پہلے اکبر کا ذہن منتقل ہوتا ہے۔ فرماتے ہیں کہ ہماری شمشیر کی تو یہ دھوم دھام ہے لیکن اب توپ پر بھی کبھی نظر کی ہے؟ ہم نے بالفرض شمشیر کے ذریعہ سے اشاعت کی تو مذہب ہی کی تو کی، توحید رسالت ہی کے لئے تو کی۔ گردنیں اس لئے ماریں کہ دوزخ کے دائمی عذاب سے بچائیں، جنت کی دائمی راہ دکھائیں۔ مے فروشی، سودخواری، بے حجابی حرام کاری، زر پرستی، زن پرستی کی اشاعت کے لئے تو نہیں کی۔ توپ دم قوموں کی قوموں کو، قبیلوں کی قبیلوں کو اس لئے تو نہیں کر دیا کہ قبضہ ان کے گھروں پر، ان کی جائیدادوں پر ان کی دولت پر کریں اور ان کے جانوں کو اولادوں کو اپنی غلامی میں لیں۔ سارے مضمون کو یوں ادا کرتے ہیں۔

اپنے عیبوں کی نہ کچھ فکر نہ کچھ پرواہے
غلط الزام بس اوروں پر لگا رکھا ہے
یہی فرماتے رہے، تیغ سے پھیلا اسلام
یہ نہ ارشاد ہوا، توپ سے کیا پھیلا ہے

کمزور و ناتواں قوموں کو قوت مقاومت توڑنے، اور ان کے جسموں کو ہلاک کرنے کے لئے تو، توپ گولہ، بندوق، مشین گن، استعمال ہوتی ہیں، پھر جہاں تسلط ہوا اور قدم جما، انہیں بدبختوں کے دلوں اور دماغوں اور روحوں کو غلامی کے سانچے میں ڈھالنے کے لیے اسکول اور کالج اور خدا جانے اور کیسی کیسی تعلیم گاہیں کھول دی جاتی ہیں۔ غرض کمزور اقوام کے مقابلہ میں "صاحب" کی جنگ و صلح دونوں کا

مقصد ایک ہی ہوتا ہے یعنی ان کی روحوں کو اپنا غلام بنا کر رکھا جائے۔ اس خشک حقیقت کو کس تر زبانی سے بیان کرتے ہیں۔

توپ کھسکی پروفیسر پہنچے
جب بسولا ہٹا تو رندا ہے

ہماری تہذیب و ترقی، ہماری اصلاح و فلاح، ہماری تعلیم و تربیت کا نام لے لے کر جس قدر بھی کارگزاریاں ہمارے یہ "خداوند" کرتے رہتے ہیں، ہمارے لئے درسگاہیں کھولتے ہیں عدالتیں قائم کرتے ہیں معیشت میں سہولت بہم پہنچاتے ہیں، ان سب کا مقصد بجز اس کے اور کچھ نہیں کہ ہم کو اپنے میں جذب کریں۔

وہ اس کو محو کلیسا بنا کے چھوڑیں گے
اس اونٹ کو خر عیسیٰ بنا کے چھوڑیں گے
کریں گے شوق سے مسلم، غذا میں مے داخل
شراب کو بھی ہریسا بنا کے چھوڑیں گے
کہا یہ شیخ نے اکبر سے روک اپنی زباں
کہ تجھ کو بھی وہ مجھی سا بنا کے چھوڑیں گے

"اونٹ" اور خر عیسیٰ" اکبر کی زبان کی مخصوص اصطلاحیں ہیں "مسلمان" اور "صاحب" کے لئے۔ "اونٹ" اور "گائے" کا ذکر بھی بڑی کثرت سے آتا ہے، مسلمان اور ہندو کے لئے خر عیسیٰ کے بجائے کہیں کہیں "جان بل" بھی استعمال کی ہے اور کہیں "بندر" بھی۔

اکبر کے عقیدے میں سیاسی ترقی کا اصل اصول حصول قوت تھا، اگر آج ہم

اپے حاکموں سے مساوات کا مطالبہ کرتے ہیں تو اس میں کامیابی کا طریقہ صرف یہ ہے کہ اپنے میں قوت بھی ان کے مساوی پیدا کریں، سیاسیات نام ہے توازن قوت کا، جو قوم جس قدر قوی ہو گی، اسی قدر دوسروں کے مقابلہ میں ممتاز ہو گی۔ طاقتور قوم کسی کی محتاج نہیں رہ سکتی اور کمزور کو ہمیشہ غلامی سہتے رہنا پڑے گا۔ تحصیل قوت کی بار بار تعلیم دیتے ہیں، مثلاً

مذہب سوسائٹی ہے اور دین آخرت ہے
پولیٹیکل جو پوچھو طاقت ہے اور سکت ہے

صحیح طریقہ عمل صرف یہ ہے کہ قوت حاصل کی جائے۔ نہ یہ کہ شکوہ و شکایات یا خوشامد و تملق میں وقت ضائع کیا جائے۔

نہایت قابلیت سے مجھے ثابت کیا وہ مردہ
مناسب داد دینا ہے مجھے یارب کہ رونا ہے
ندا آئی مناسب ہے کہ جینا اپنا ثابت کر
خوشامد یا شکایت دونوں ہی میں وقت کھونا ہے

سیاسیات کی دنیا یں محض زبان بننا لا حاصل ہے۔ یہاں ہاتھ بن کر رہنا چاہئے۔

زور بازو نہیں تو کیا اسپیچ
ہاتھ بھی دے خدا زبان کے ساتھ

ترک ہوں خواہ عرب، اسلام کے اقتدار دنیوی کے محافظ وہی ہو سکتے ہیں جن کی تلوار میں دم موجود ہے۔ ۲۲

کوئی عرب کے ساتھ ہو یا عجم کے ساتھ

کچھ بھی نہیں ہے تیغ نہ ہو جب قلم کے ساتھ

زور بازو ہندوستان کی دوسری قوموں کو بھی نہیں حاصل، اور وہ بھی کونسلوں وغیرہ ہی کے جال میں پھنسی ہوئی ہے، تاہم کم از کم اس محدود دائرہ کے اندر تو رہ اپنی قوت بڑھانے کی فکر میں رہتی ہیں۔

گو رہتے ہیں ممبری فانی پر شاد
لیکن نہیں اپنی ناتوانی پر، شاد
کونسل میں بڑھارہے ہیں طاقت اپنی
عاقل ہیں مکرمی بھوانی پرشاد

جب تک قوت ہاتھ میں نہیں، زمانی چیخ و پکار، شور و غل، تقریر و محفل طرازی سب بے کار ہے، پلیٹوں کی جھنکار عمر بھر سنتے رہئے۔ مگر کیا اتنے سے بھوک کی تسکین ہو جائے گی؟

رزولیوشن کی شورش ہے مگر اس کا اثر غائب
پلیٹوں کی صدا سنتا ہوں اور کھانا نہیں آتا

اس وقت صرف مسلمان ہی ایسے ہیں جو تذبذب، کشمکش و دو عملی میں مبتلا ہیں۔ باقی قومیں یا تو حکمراں قوت میں جذب ہو گئی ہیں، اور یا اپنے میں قوت پیدا کر رہی ہیں۔ اس حقیقت کو کس اچھوتے انداز سے پیش کرتے ہیں۔

شیخ صاحب تو ادھر فکر مساوات میں ہیں
بھائی صاحب کو سنا ہے کہ حوالات ۲۳ میں ہیں
قوم کے حق میں تو الجھن کے سوا کچھ بھی نہیں

صرف آج کے مزے ان کی ملاقات میں ہیں
سر بسجدہ ہے کوئی، اور کوئی تیغ بکف
اک ہمیں اس روزولیوشن کے خرافات میں ہیں

کونسلوں میں جانا بجائے خرد و ضیعفی و کمزوری کی دلیل ہے، اس اعزاز پر قناعت وہی لوگ کر سکتے ہیں، جن کا مادہ خود داری پہلے سے رخصت ہو چکا ہے۔

کونسل میں سوال کرنے لگے
قومی طاقت نے جب جواب دیا

اس سوال وجواب کا پورا لطف جب ہے جب یہ یاد رہے کہ "سوال کرنا" اردو محاورہ میں خیرات مانگنے کے معنی میں بھی آتا ہے۔

اس وقت تو حالت تو یہ ہے کہ جس شے کو ہم اپنی ترقی سمجھ رہے ہیں، یہ سب انہیں کی ترقی ہے۔ ہم خوش ہوئے کہ ہم نے اپنی اب نئی یونیورسٹی بنا لی وہ مسکرائے کہ غلامی و محکومی کا یاک نیا سانچہ تیار ہو گیا۔ ہم تالیاں بجارہے کہ اب تو گورنری تک ہمیں ملنے لگی، صیاد اندر ہی اندر ہنس رہا ہے کہ نادان چڑیا کیسی جلد اپنی اسیری پر راضی اور مطمئن ہو گئی۔ بس اتنا ہی ہوا نہ کہ پنجرہ کی تیلیاں لوہے کی جگہ سونے کی دینی پڑی۔ اس صوت حال کی تصویر کتنی موثر اور سچی، اکبر کے مرقع میں ملے گی۔

انہیں کے مطلب کی کہہ رہا ہوں زباں میری ہے بات ان کی
انہیں کی محفل سنوارتا ہوں، چراغ میرا ہے رات ان کی
فقط مرا ہاتھ چل رہا ہے، انہیں کا مطلب نکل رہا ہے

انہیں کا مضمون انہیں کا کاغذ، قلم انہیں کا، دوات ان کی

بت کدہ میں ہماری عزت کیا خاک ہو سکتی ہے، جب سب کو یہ معلوم ہے کہ جو قشقہ ہماری پیشانی پر ہے وہ بھی ہمارا اپنا نہیں، غیروں کے ہاتھ کا لگایا ہوا ہے۔ ہماری بے دست و پائی کا نشان اور کلنک کا ٹیکا۔ سید احمد خانی سیاست، وفاداری کی مسلمہ پالیسی جو ملت پر کہنا چاہیئے کہ کرتی، ۴۰ سال تک مسلط رہی۔ یہ تمام تر اسی کی تفسیر و تفصیل بیان ہو رہی ہے

عزت اکبر نہ مثل برہمن در دیر بود
قشقہ بودش بر جبیں، لیکن ز دست غیر بود

اپنی اس بے بسی، بے کسی، بے دست و پائی پر ایک اور تشبیہ سنئے۔ نئی اور لطیف، پھڑکتی ہوئی، پھدکتی ہوئی۔ اسے کمند ڈال کر گرفت میں لانا حصہ تھا اکبر ہی کی ظرافت کا، ذہانت کا،

بوزنہ کو رقص پر کس بات کی میں داد دوں
ہاں یہ جائز ہے مداری کو مبارکباد دوں

گویا گوری قوموں کو تو کھلے بندوں آزادی ہے کہ جہاں، جس خطہ میں، جس متن سے بھی چاہیں، قابض ہو جائیں، حکومت قائم کر لیں، ہر طرح ان کی حوصلہ افزائی ہی کی جائے گی کہ حکمرانی و جہانباری تو فطری حق صاحب بہادروں کا ہے لیکن کوئی مشرقی قوم خصوصاً مسلمان اگر کہیں ذرا بھی سنبھلنا چاہیں اور اپنے پیروں اٹھ کر کھڑے ہونے لگیں تو انہیں روکئے، تھامئے، ماریئے، پیٹئے، نوچئے پھاڑیئے۔ بلگیریا، سردیا، رومانیہ، یونان، اگر بڑھیں، ترقی کریں، تو یہ ان کا حق ہی ہے۔ انہیں خوب

بڑھاوے پر بڑھاوے ملتے رہیں، لیکن اگر ترک و عرب، ایرانی و افغانی، محض اپنی کمر بھی کسنا چاہیں، تو فرنگستان کا گوشہ گوشہ چیخ اٹھے کہ لو، وہ پین اسلامزم کا ہوا نکل آیا۔ اب مسیحی سلطنتوں کی خیر نہیں۔"

حالات و واقعات کی اس رفتار سے واقف تو اب بچہ بچہ بھی ہو چکا ہے۔ لسان العصر بھی، اس حقیقت کو اپنی زبان میں دہرانے چلے ہیں۔ لیکن حالت یہ ہے کہ ہاتھ میں ظرافت کے کھلونے لئے ہوئے ہیں، انہیں زور زور سے اچھالتے جاتے ہیں اور زیر لب مرثیہ بھی پڑھتے جاتے ہیں۔ نظریں کھلونوں پر سب کی جمی ہوئی ہیں اور زیر لب آواز ہے کہ کس کے کان میں آتی ہے اور کسی کے نہیں۔ فرماتے ہیں،

سر افرازی ہو "اونٹوں" کی تو گردن کاٹیئے ان کی
اگر "بندر" کی بن آئے تو فیض ارتقا کہیئے

کہا جاتا ہے، کہلایا جاتا ہے کہ عہد حاضر کی برکتیں دیکھا خدا کی رحمتوں کی طرح شمار و حصاب سے باہر۔ اسکول ہیں، کالج ہیں، ریل ہے، تار ہے، اسپتال ہیں، امن و امان ہے وغیرہا۔ عندلیب گلشن حقیقت جواب دیتا ہے کہ یہ ساری برکتیں، برکتیں مان بھی لی جائیں، جب بھی بلبل تو دلدادہ اپنی قوت پرواز کا ہے۔ اسے صیاد کا سجا سجایا، رنگین پر تکلف قفس درکار نہیں۔

کہا صیاد نے بلبل سے، کیا تو نے نہیں دیکھا
کہ تیرے آشیاں سے یہ قفس آراستہ تر ہے
کہا اس نے اسے تسلیم کرتی ہے نظر بندی
نشاط طبع کی مہلک، مگر بیکاری پر ہے

مسلمانوں کے لئے یہی قہر الٰہی کیا کم تھا کہ وہ اپنی صداقت، اپنا اخلاص، اپنے ایمان کی پختگی کھو چکا تھا، ستم یہ ہوا کہ رہنما کا جامہ پہنے ہوئے "آپ" مل گئے۔ اونٹ راستہ تو بھول ہی چکا تھا لیکن شاید کہ بھٹکتے بھٹکتے منزل مقصود تک کبھی پہنچ ہی جاتا۔ لیکن اب اس کا کیا علاج کہ زمین پر لٹکتی ہوئی نکیل بندر کے ہاتھ آگئی اور وہ اچک کر اونٹ کی پیٹھ پر سوار ہو گیا۔ اب خدا ہی ہے جو کبھی بھی اپنے ٹھکانے تک پہنچ سکے۔ زبانی خاطر داریوں میں لفظی واہ واہ میں اب بھی کمی نہیں لیکن یہ مجال کس کی جو مساوات کا کلمہ کفر زبان پر لا سکے۔

گم کی تھی میں نے راہ مصیبت یہی تھی سخت
اس پر ہوا یہ قہر، تم ایسے خضر ملے
باتیں بھی مجھ سے کیں، مری خاطر بھی کی بہت
لیکن مجال کیا جو نظر سے نظر ملے
کس سے میں پوچھتا گل و بلبل کی سرگذشت
دو چار برگ خشک تو دو چار پر ملے

سرکار کا ادنیٰ سا گوشہ چشم بھی ہمارے لئے طرۂ افتخار "صاحب" کا ادنیٰ سا التفات بھی ہمارے لئے موجب ناز، فرنگیت سے شرمانا کیسا۔ وہ تو الٹی ہمارے خون میں رچ گئی ہے، روح میں بس گئی ہے،

ان کو بسکٹ کے لئے سوجی کی تھیلی مل گئی
کمپ میں غل مچ گیا، مجنوں کو لیلیٰ مل گئی

بیمار ہم پڑیں۔ تو علاج سرکاری شفاخانوں میں کرائیں بچے پیدا ہوں تو تعلیم

سرکار کے جاری کئے ہوئے مدرسوں میں پائیں۔ کورس سرکار کا تیار کرایا ہوا پڑھیں۔ آپس میں لڑیں جھگڑیں تو دروازہ سرکاری عدالتوں کا کھٹکھٹائیں، مدرسہ سرکاری پولیس کی لائیں، جاہ و نام کی طلب دل میں پیدا ہو تو خطاب و اعزاز سرکار کے دربار سے حاصل کریں۔ پیٹ خالی ہو، بھوک لگے، تو روٹی کا سوال وہی سرکاری محکموں سے حل کریں۔ غرض سرکار دولت مدار کا دامن عاطفت جو آغوش مادر سے بھی بڑھ کر وسیع ہو گیا ہے اور ہمیں ہماری زندگی کے ہر ہر شعبہ میں ہماری مرکزیت سے، ہماری خودی سے دور کرتا جارہا ہے۔ آخر اس صورت حال کا اثر ملت کی سیرت پر کیا پڑے گا اور کیا پڑ رہا ہے؟ یہ سوال اکثر زبانوں پر ہے، جواب آیئے اکبر کے جام جہاں نما میں دیکھیں۔

میں نے کہا یہ اپنے خیالی خضر سے آج
بتلاؤ اس روش سے ترقی کی کیا امید
ہر گام پر، جو طاعت حق سے الگ پڑا
ہوتے رہو گے مرکز قومی سے تم بعید
ہاں انتشار و جہل کی تکمیل ہو گی جب
ہو جاؤ گے بتان کلیسا کے تم مرید
شاید کی مدعا بھی تمہارا ہے بس یہی
ہر چند ابھی ہے درس کے پردہ میں ناپدید
حیرت سے مجھ کو دیکھ کے اس خضر نے پڑھا
حافظ کا ایک شعر، جو معنی کو تھا مفید

سر ازل کہ عارف سالک بکس نہ گفت
در حیرتم کہ بادہ فروش از کجا شنید

"صاحب" کو اس دیس میں اپنے پرستاران وفا کے ساتھ جس درجہ اور جس نوعیت کا تعلق ہے، اور ظاہری خاطر داری کے عقب میں خلوص اور قدر کتنی رہتی ہے۔ اس کی توضیح و تشریح سے خشک نثر میں اخبارات کے کالم روز ہی لبریز رہتے ہیں۔ اکبر کی قادر الکلامی نے اس سارے دفتر کو بس ایک مصرعہ میں سمیٹ لیا ہے۔ اس کو کہتے ہیں دریا کو کوزہ میں بند کرنا۔ مثل بولی بہت دفعہ جاتی ہے صحیح تر مثال اس کی مشکل ہی سے ملے گی۔

اکبرؔ سے میں نے پوچھا اے واعظ طریقت
دنیائے دوں سے رکھوں میں کس قدر تعلق
اس نے دیا بلاغت سے یہ جواب مجھ کو
انگریز کو ہے نیٹو سے جس قدر تعلق

سیکڑوں پر جوش اخباری مضامین، سینکڑوں شعلہ بار سیاسی تقریریں ان چار مصرعوں کی بلاغت، جامعیت، نکتہ وری پر قربان ہیں۔

بیرونیوں اور بدیسیوں کی کفش برداری سے تو اپنوں کی غلامی، چاہے وہ اپنے کوئی بھی ہوں، بہر حال وصورت بہتر ہے، اس خیال کو ذرا دیکھئے کس مزے سے ادا کیا۔

دھن دیس کی تھی جس میں گاتا تھا اک دہاتی
بسکٹ سے ہے ملائم، پوری ہو یا چپاتی

"دیس" کے معنی وطن کے تو ظاہری ہیں، باقی دیس ایک راگنی کا بھی نام ہے۔ گانا، دھن، دیس اب سب اکھٹے ہو گئے۔ بسکٹ کا اشارہ صاحب کے میز کی طرف، پوری کا ہندو کی رسوئی کی طرف اور چپاتی کا مسلمان کے باورچی خانہ کی طرف بالکل کھلا ہوا ہے۔

ہندیوں کی باہمی ناچاقی، ضرب المثل کی حد تک پہنچی ہوئی ہے "صاحب" بھی اس رمز سے خوب آگاہ ہیں، جب کبھی اس آگ کو سرد ہوتے ہوئے دیکھتے ہیں، تو کبھی بندش ذبح گاؤ کا اشغلہ چھوڑ دیا۔ کبھی ہندی زبان اور دیوناگری حروف کا قصہ لے بیٹھے۔ مسجد کے آگے باجہ کا سوال چھیڑ دیا اور اب تو نہیں لیکن کچھ روز قبل تک ایک بڑا ہوا "حملہ افغانستان" کا بنا کر پیش کر دیا۔ اکبر کی نگاہ دور رس نے تاڑ لیا کہ اہم ترین مسئلہ زبان کا ہے۔ زبان کے معاملہ میں جب تک سارا ملک رواداری برتنے کے لئے تیار نہ ہو گا، اتحاد وطنی کی گتھی کسی طرح نہ سلجھے گی۔ اپنے ہم وطنوں کی سادہ مزاجی، کم فہمی و نادانی پر تاسف و حسرت کے آنسو بہاتے ہیں۔

کہتا ہے مجھ کو جو کچھ سنیئے گا اس صدی میں
پوچھا کہ اس صدی میں کیوں چپ رہو گے جی میں
بولے کہ یہ صدی ہے اس بحث اور بیاں میں
کہنا ہے جو کہیں ہم وہ کون سی زباں میں
سن کر یہ بات ان سے ہر اک کو آئی اچکر
ایک صاحب بصیرت چلتے ہوئے یہ کہہ کر
پیر فلک نہ کیوں کر ابواب بحث کھوتے

جیتے رہیں گرو جی، زندہ رہیں یہ بھولے

غیر ملکی حکومت کی بدگمانیاں اور سخت گیریاں، خدا کی پناہ بات بات پر شبہہ، بے بات کی بات پر گرفت، خود غزلیہ اور عاشقانہ شاعری کے اندر بھی غدر، بغاوت و قانون شکنی کے جراثیم سرکاری خوردبین میں عیاں۔ اد دارو گیر کی لطیف و شاعرانہ تصویر، شاعر کے نگار خانہ میں ملاحظہ ہو۔

ایک غزل میں اتفاقاً میرا ایک مصرعہ یہ تھا

دیدہ عبرت سے رنگ دیر فانی دیکھئے

کوئی بول اٹھا، زوال حسن بت مقصود ہے

اس سخن میں بدشگونی کی نشانی دیکھئے

عارفانہ شاعری بھی آج کل دشوار ہے

بزم دنیا میں یہ زور بدگمانی دیکھئے

اکبر کی آپ بیتی بھی اس سلسلہ میں سننے کے قابل ہے۔ ۱۹۱۴ء میں جب یورپ کی جنگ عظیم شروع ہوئی ہے۔ تو یاد ہو گا کہ بالکل ابتدا میں اعلان جنگ صرف آسٹریا اور سرویا کے درمیان ہوا تھا۔ برطانیہ اس وقت تک الگ تھا۔ اکبر نے معاً ایک نظم کہی، ایک مصرعہ یہ تھا،

بحمد اللہ اب خون شہیداں رنگ لایا ہے

مسجد کانپور کے سلسلہ میں گولی چلنے اور مسلمانوں کے شہید ہونے کا واقعہ تازہ تھا "خون شہیداں " کی تلمیح اس جانب سمجھی گئی اور شاعر صاحب دھر لئے گئے۔ اکبر صاحب بھی زہے شاعر تھے کوئی دارو زنداں کے مرد میدان تو تھے نہیں۔

اعلان کر دیا کہ بہت اچھا، آئندہ شعر گوئی ہی سے توبہ، نہ معلوم کس وقت کیا نکل جائے، اور آپ کیا گرفت کر بیٹھیں، لیکن رند قدح خوار کی طرح شاعر کی توبہ ہی کیا، اور کے دن کی، توبہ کیجئے، خیر کچھ دن ظاہر کی تو احتیاط رہی بھی، لیکن تخلیہ کی مجلسوں میں، قاضی و محتسب کی دست رس سے دور شغل اس وقت بھی جاری ہی رہا۔ ایک آدھ نمونہ ملاحظہ ہو،

سینے ادھر ایسے کہ یہیں جو رر فل بھی
کان ان کے وہ نازک کہ گراں میری غزل بھی
حکم اکبر کو ملا ہے کہ لکھو اشعار خواجہ حافظ بھی نکالے گئے میخانے سے،

جنگ یورپ کی تلمیحوں سے اس دور کی غزلیں تک خالی نہیں۔ نئ نئ تشبیہیں، میدان جنگ سے ڈھونڈ ڈھونڈھ کر لاتے۔ ایک غزل کا مطلع ہے،

یہ بت دل میں گھسے آتے ہیں جرمن کا ستم بن کر
میرا تقویٰ کہاں تک ان کو روکے بلجیم ۲۴ بن کر

یہ کونسلیں، یہ اسمبلیاں، یہ ووٹ بازیاں، اور الیکشن جنگیاں، یہ علامتی ہیں ہماری ترقی اور آزادی کی! یا مزید حلقے ہیں زنجیر غلامی کے، اور ہمارے حق میں مزید پھندے ؟ اکبر کے ہاں یہ تعلیم بار بار اور وضاحت کے ساتھ ملتی ہے۔ ایک جگہ ارشاد فرماتے ہیں،

قوم کے دل میں کھوٹ ہے پیدا
اچھے اچھے ووٹ پہ شیدا
کیوں نہیں پڑتا عقل کا سایہ

اس کو سمجھیں فرض کفایہ

بھائی بھائی میں ہاتھا پائی

سیلف گورنمنٹ کے آگے آئی

پاؤں کا ہوش، اب فکر نہ سر کی

ووٹ کی دھن میں ہیں گئے پھر کی

ایک دوسری جگہ ان کی دور اندیشی، قوم کی غلفت و کوتاہ بینی کی مرثیہ خوانی یوں کررہے ہیں۔ تاسف اور دلسوزی کا رنگ اب اور گہرا ہے،

ہاون تو ہے ہوس کا، دستہ ہے پالسی کا

لیکن ادھر تصور جاتا نہیں کسی کا

ہے کوفت لیکن اس پر مسرور ہو رہے ہیں

ہر سو اچھل رہے ہیں اور چور ہو رہے ہیں

اس قبلہ و جماعت کا انتشار دیکھو

اس باغ میں خزاں کی اکبر، بہار دیکھو

لکھے گا کنک حسرت، دنیا کی ہسٹری میں

اندھیر ہو رہا تھا، بجلی کی روشنی میں

ایک اور مقام جس کی شاعرانہ دور بینی اور حقیقت سنجی، اس ظاہر فریب اور اوپر سے خوش نما منظر کو یوں بے نقاب کر رہی ہے،

نیٹو ہے نمود کا محتاج

کونسل تو ان کی جن کا ہے راج

کہتے جاتے ہیں یاالٰہی
سوشل حالت کی ہے تباہی
ہم لوگ جو اس میں پھنس رہے ہیں
اغیار بھی دل میں ہنس رہے ہیں
دراصل نہ دین ہے نہ دنیا
پنجرہ میں پھدک رہی ہے مینا
اسکیم کا جھولنا وہ جھولیں
لیکن یہ کیوں اپنی راہ بھولیں

مئی و جون کی گرم گرم لو، اور تپش میں باہر نکلنا ہر ایک کا کام نہیں، قاضی و محتسب کی دھڑ پکڑ کی گرما گرمی دیکھ شاعر غریب کو اپنی خیریت تو اسی میں نظر آتی ہے کہ زبان بند رکھی جائے اور بات کرنے کے لئے انتظار کسی مناسب موسم کا رہے۔ بے فصل اگر بیج ڈال دیا جائے۔ تو پودا ہرگز نہ اگے گا۔ کہتا ہے جس طرح ایک وقت گفتگو کا ہوتا ہے، اسی طرح ایک موقع سکوت و بے تعلقی کا بھی ہوتا ہے اور آج وہی موقع ہے۔

گفتنی ہے دل پر درد کا قصہ لیکن
کس سے کہئے کوئی مستفسر حالات تو ہو
داستان غم دل کون کہے، کون سنے
بزم میں موقع اظہار خیالات تو ہو
عدم نشوونما سے نہ کہو تخم کو بد

وقت بالیدگی تخم و نباتات تو ہو

تینوں شعر سوز و درد کی تصویر ہیں، اور انفرادی و اجتماعی دونوں پہلوؤں کے لئے ہوئے۔ پھر کہتا ہے کہ،

زمانہ نے مساعدت کی، تو کبھی ہماری بھی زبان کھلے گی
ورنہ یہ سکوت، سکوت اجل سے ہم آغوش ہو رہے گا
ہم اس زمانہ میں رہتے ہیں اپنے گھر میں پڑے
ہوا ہی بدلی ہوئی ہے، فلک سے کون لڑے
خدا ہم کو اٹھائے گا جب تو اٹھیں گے
ابھی تو چپ ہیں، کوئی لاکھ اعتراض جڑے
اگر اٹھے تو علم اپنا گاڑ لیں گے کہیں
جو اٹھ گئے تو ہے قصہ ہی ختم، خود ہی گڑے

حق پرستوں کے لئے کھلے ہوئے راستہ تو دو ہی ہیں، یا سیدھے سیدھے اس دار فانی سے رخصت ہو جائیں، اور یا صبر کے تلخ گھونٹ حلق سے اتارتے رہیں۔

حق پرستی کا نشاں اب قبر ہے یا صبر ہے
اور جو کچھ ہے عقیدوں پر فقط ایک جبر ہے

فرماتے ہیں کہ مومن کے لئے فضا یکسر تاریک، ماحول تمام تر ناساز گار، ہر ہوا جو چلتی ہے ناموافق، اہل ایمان کے لئے اس عالم یاس و حرماں میں بھی بھروسہ صرف رحمت باری کا تاریک خانہ میں بھی ایک شعاع امید۔

جب آنکھ کو کھلنے میں ہو جھپک، جب منہ میں زبان جنبش سے ڈرے

اس قید میں کیونکر جینا ہو، اللہ ہی اپنا فضل کرے
کیا ناز ہو ایسی ساعت پر، افسوس ہے ایسی حالت پر
یا جھوٹ کہے، یا کچھ نہ کہے، یا کفر کرے یا کچھ نہ کرے
قاتل کو بھروسہ قوت کا اور ہم کو خدا کی رحمت کا
ہونا تھا جو کچھ وہ ہو ہی لیا، وہ بھی نہ رکا ہم بھی نہ ڈرے

"صاحب" کا ساتھ دیجئے تو دین رخصت، بے نیازی اختیار کیجئے تو دنیا رخصت۔

بے گزٹ ہو کے جو چلئے تو محلہ میں حقیر
باگزت ہو کے جو رہئے تو فرشتوں میں خفیف

"گزٹ" کے لفظ سے بھی اکبر نے خوب کام نکالے ہیں۔ کہتے ہیں کہ بے سرکاری خلق کے، بغیر سرکاری اعزاز کے وہ گر رہئے تو دنیا میں کون بات پوچھے گا؟ مادی تعلق، منصب و اعزاز کو ذہن میں رکھئے تو پھر دین سے ہاتھ دھو رکھئے۔

اور تو اور اب اپنے کو محض مسلمان کہنا اور کہلانا بھی تو مشکل ہو گیا ہے۔ ادھر آپ نے اعلان اپنے اسلام کا کیا، ادھر روشن خیالی کی پیشانی پر بل پڑ گئے۔ اور آپ مضحکہ کے ہدف بن کر رہے۔ مسلمان کہلانے ہی پر اگر آپ کو اصرار ہے تو چارہ بجز اس کے نہیں کہ اپنے کو تجدد کا بندہ صاحب زدہ مسلمان کہلایئے۔

جو پوچھا مجھ سے دو چرخ نے کیا تو مسلماں ہے
میں گھبرایا کہ اس دریافت میں کیا راز پنہاں ہے
کروں اقرار تو شاید یہ بے مہری کرے مجھ سے

اگر انکار کرتا ہوں تو خوف قہریزداں ہے
بالآخر کہہ دیا میں نے کہ، گوم مسلم تو ہے بندہ
ولیکن مولوی ہر گز نہیں ہے، خانساماں ہے

لیکن اس ساری پستی و ادبار کے اسباب اکبر کی تشخیص میں خارجی نہیں داخلی ہیں، جن مصائب کے ہم شکار ہو رہے ہیں، یہ خود ہمارے ہی ہاتھوں کے پیدا کئے ہوئے ہیں۔ ہم نے ایک دوسرے کا ساتھ چھوڑ دیا، اغیار ہم پر دلیر ہو گئے۔ ہم نے اپنے ملی طور طریقوں کو خیر باد کہا، اغیار ہم کو نگلنے لگے۔ ہم نے اپنوں کو چھوڑ کر بیگانوں کی تقلید و نقالی شروع کی، بیگانوں نے دیکھتے دیکھتے ہم کو زیر کر دیا۔ جھاڑو جب تک بندھی ہوئی ہے، تیز سے تیز آندھی میں بھی محفوظ ہے، ادھر اس کا مٹھا کھلا، ادھر اس کی ایک ایک سینک ہوا کے ہر معمولی جھونکے کے رحم و کرم پر رہ گئی۔ قوم کا شیرازہ قائم رکھنے والی شے تو صرف قوم و ملت میں خودی و خودداری کا احساس ہے۔ اقبال کی شاعری کا تو خاص موضوع ہی یہی ہے لیکن اس کی جھلکیاں اکبر کے یہاں بھی موجود ہیں۔ فرماتے ہیں،

طریق حکمت و تزئین ہر ایک رنگ میں ہے
نہ یہ سمجھ کہ فقط مغربی ہی ڈھنگ میں ہے
نگاہ غور کرو سوئے ٹرکی وایران
نئی بناپہ حریفوں نے کر دیا ویران
تمہارے دل میں یہ کیا وہم کیا گماں آئے
تمہارے جسم میں کیوں دوسرے کی جاں آئے

جو تو نے بھائیوں کا اپنے ساتھ چھوڑ دیا
تو دستگیر نے تیرا بھی ہاتھ چھوڑ دیا
جو بات ٹھیک ہے، کہتا ہوں میں اسے کھل کر
کہ سلطنت نہ سہی، تم رہو تو مل جل کر

لیکن آج جو بڑے بڑے اقبال مند نظر آتے ہیں۔ ان کی بھی اقبال مندیاں، خوش بختیاں، کامرانیاں کب تک؟ کتنے دن کے لئے؟ ایک دن احتساب کا آخر ان کے لئے بھی آنے والا ہے، جہان فانی کو فانی سمجھنے ولا مشرقی شاعر اس انجام کی خبر کبھی کبھی دن بد مستوں کے کان تک پہنچا دیتا ہے۔

مجبور بدلنے جانے پہ یہاں اقبال و حشم کے دور بھی ہیں
یکتائی کا دعویٰ خوب نہیں، اللہ کے بندے اور بھی ہیں

کہیں یہ فقیر مدہوشان غفلت کے قصر والیوں کے سامنے آکر صدائے عبرت بلند کرتا ہے،

ہرج کیا وقعت نہیں میری جو بزم غیر میں
غیرت مسلم ہے اس کی کسم پرسی دیر میں
تار برقی سے ہوا معلوم حال زار روس ۲۵
شور برپا ہے کلیسا میں، حرم میں دیر میں
آسمانی توپ چلتی ہے کہیں صدیوں کے بعد
لیکن اڑ جاتی ہیں ساری غفلتیں دو فیر میں

اور کہیں اپنوں اور بیگانوں دونوں کو حدود انسانیت کے اندر رہنے کی موعظت

و تلقین کرتا ہے،

تم ملو یا نہ ملو مجھ سے، منو یا نہ منو
ساتھ رہنا ہے اس ملک میں اے ہم وطنو
اہل مغرب سے بھی کہتا ہوں مبارک ہو یہ قد
آسمان تنگ ہو تم پر مگر اتنا نہ تنو

ذیل کا شعر اس وقت کا ہے جب پہلی جنگ عظیم کے خاتمہ پر صلح نامہ مرتب ہو رہا تھا اور اس کا خاص اہتمام تھا کہ اب کی یورپ کی تنظیم جدید کی جو قبا تیار ہو اس کا دامن بھی ترکوں کے وجود کی نجاست سے پاک رہے۔

کورانہ ترنگیں قوت کی کچھ فائدہ ان کو دیں گی نہیں
نقشوں میں لکیریں کھنچنے سے فطرت کی حدیں بدلیں گی نہیں

واہ واہ واہ، دوسرا مصرعہ تو اپنی بلاغت، ایجاز و جامعیت کے لحاظ سے اس قابل ہے کہ زبان میں ایک مستقل ضرب المثل کی حیثیت حاصل کرے۔

آج جنہیں اپنی طاقت و توانائی پر غرہ ہے۔ کیا انہوں نے کبھی خیال نہیں کیا کہ شمع نے دم بھر میں سیکڑوں پروانوں کی جانیں لے ڈالیں، لیکن خود وہ صبر فنا کے ایک طمانچہ کے سامنے معاً بے نور تھی۔ ہاتھی نے ایک قدم اٹھاتے ہی صدہا چیونٹیوں کو کچل ڈالا، لیکن قضائے الٰہی کے پیلتن کی ہلکی سی ٹکر کے سامنے تو وہ خاک تھا۔ طاقتوروں نے کمزوروں کو، زبردستوں نے زیردستوں کو، سرمایہ داروں نے ناداروں کو تختہ مشق ہمیشہ ہی بنائے رکھا ہے لیکن انجام بھی ہمیشہ ہی کیا ہوتا رہا ہے؟ اس کا جواب مصر کے فرعونوں کی لاشیں، رومہ کے قیصروں کی ہڈیاں، بابل

کے کھنڈرات، سیریا کے ویرانے، مذبوح و مقتول زار روس کے جسم کی تڑپ اور زندہ درگور قیصر جرمنی کے دل کی حسرتیں دیں گی۔ اکبر کا مرقع سیاست یہ تصویر بھی رکھتا ہے۔

شک اس میں کیا ہے کہ ساری دنیا ہے آج ان کی رَفل کی زد پر
اشارہ فطرت کا ہے مگر یہ کہ خود بھی ہیں وہ اجل کی زد پر

سنت الٰہی ایک یہ رکھی گئی ہے کہ سفینہ ظلم و جور چشم زدن میں غرق ہو کر ضرور رہتا ہے لیکن شروع میں نہیں، قہر و انتقام کی لہریں چاروں طرف سے لپکتی صرف اس وقت ہیں جب پہلے خوب مہلت مل چکتی ہے۔ اور تمرد و رعونت، خود فراموشی و خدا فراموشی کی کشتی حد سے زیادہ ہی بھاری ہو چکتی ہے۔ اکبر کی ذہانت اس اٹل حقیقت سے یہ مضمون پیدا کرتی ہے کہ دامان مشرق کو پارہ پارہ کرنے میں یورپ عجلت کیوں کر رہا ہے، جب تک اس طغیان و تمرد کی کشتی پوری طرح گرانبار نہ ہو چکے گی، غضب الٰہی جوش میں نہ آئے گا۔ گویا اس مشغلہ میں دیر تک مصروف رہنا آنے والے یوم احتساب کو ٹالتے رہنا ہے۔

یورپ کو پالسی میں عجلت کی کیا ضرورت
ہے ملتوی قیامت تقسیم ایشیا تک

اس تمام سیاسی کشمکش و بین الاقوامی آویزش سے جو بربادیاں اور ہلاکتیں پیدا ہونے والی ہیں، ان سے تو اب کسی کو بھی انکار نہیں، البتہ سوال یہ ہے کہ آخری فتح کس کے ہاتھ رہے گی؟ "صاحب" اور صاحب زادوں کا کہنا یہ ہے کہ آخری جیت، ہمت و حوصلہ مندی، باقاعدگی و خوش نظمی "علم" و "روشن خیالی" تہذیب و شائستگی

کی رہنا یقینی ہے۔ اکبر کا فیصلہ یہ ہے کہ مشیت الٰہی تائید اسی فریق کی کرے گی جو نیکو کار ہے اور حسن عمل کے حصار میں پناہ گزیں ہے۔ اور استادی کا کمال یہ ہے کہ اس وعظ خشک میں بھی زندہ دلی کی ادائیں بھر دی ہیں۔

شامت آئی ہے یہ مسلم ہے
بحث اتنی ہی رہ گئی کس کی؟

میری جانب اشارہ غالب ہے
یعنی اکثر یہ کہتے ہیں اس کی
خیر جو کچھ خدا کی مرضی ہو
کھل ہی جائے گا آئی ہے جس کی
اس قدر تو مجھے بھی کھٹکا ہے
بڑھ گئی ہے بہت مری وہسکی

اہل ملک کے لئے اس صورت حال کا آخر علاج کیا ہے ؟ جتنی زبانیں اتنی باتیں، اکبر کی تشخیص اور طریق علاج سب سے مختلف ہے، وہ کہتے ہیں کہ پرندہ جال میں کیوں پھنسا؟ کس نے اسے مجبور کیا؟ کسی نے بھی نہیں، بجز خود اس کی ہوس و طمع کے، اکبر بے نیازی، بے طمعی، بے غرضی کا آئیڈیل (مطمح نظر) پیش کر کے سیاسیات کے ساتھ بلکہ اس سے بھی بڑھ کر تصوف کی تعلیم دیے جاتے ہیں۔

ہو مجھ پر بتوں کی چشم کرم دل کو یہ طلب اصلاً نہ رہی
مجھ کو بھی خدا نے غیرت دی، ان کو جو مری پروا نہ رہی
دنیا کا تردد جب تک تھا، جب تک کہ ہم اس کے طالب تھے

پھیری جو نظر غم ہو گئے کم، رغبت نہ رہی، دنیا نہ رہی
سچ پوچھئے تو راحت ہی ملی دنیا سے جدا ہو جانے میں
تھوڑی سی اداسی ہے بھی تو آفت تو مگر برپا نہ رہی

تحریک "ترک موالات" جو ان کے زمانہ میں چلی، اکبر اس سے متفق ضرور تھے پھر بھی تحریک کے علم برداروں میں بڑی خامیاں پاتے تھے۔ کہتے تھے، یہ بھی کوئی جنگ ہے کہ روٹی نہ ملی، نوکری نہ ملی تو حکومت سے بگڑ بیٹھے اور روٹھ کر جھنجھلاہٹ میں لگے غصہ اسی پر اتارنے، مولوی ہوں یا گریجویٹ، جھنجھلاہٹ وہی بھوک ہے۔

نئ روشنی کا ہوا تیل کم
حکومت نے اس سے کیا میل کم
ادھر مولوی کسم پرسی میں تھے
نہ آفس میں تھے، اور نہ کرسی میں تھے
یہ ٹھہری کہ آپس میں مل جایئے
سیاسی کمیٹی میں پل جایئے
اسی روشنی کا ہے بس یہ ظہور
خدا جانے ظلمت ہے اس میں کہ نور؟

حضرت اکبر نے شخصاً دامن ہمیشہ ہر قسم کی سیاسی مجلسوں سے الگ رکھا، ان کا مطمح نظر وطن کے بجائے عاقبت، ملک کے بجائے حقانیت اور قوم کے بجائے خدا تھا، اس لئے جن مجلسوں میں سب کی زبانیں چلتیں، وہ خاموش رہتے اور اس خاموشی کی

تعلیم دوسروں کو بھی دیتے ہیں۔

آزادی کا شور مبارک
یہ تقلیدی زور مبارک
میرا تو ہے اور ہی منظر
میں تو یہ کہتا ہوں اکبر
عارف کو بے ہوشی زیبا
عاقل کو خاموشی زیبا

ان کے خیال میں سیاسی، ملکی، ملی، اجتماعی، ہر مرض کی دوا ایک ہی تھی۔ طاعت، عبادت، عبدیت۔ مومن کے لئے ابتلاؤ آزمائش کا وقت آنا لازمی ہے، مومن وہی ہے جو اس آزمائش میں پورا اترے اور انتہائے کرب و اضطراب میں بھی نظر ثانی مطلق پر رکھے، اس مضمون کو لے کر پوری ایک غزل کہہ ڈالی۔

مسجد میں خدا خدا کئے جاؤ
مایوس نہ ہو دعا کئے جاؤ
ہر گز نہ قضا کرو نمازیں
مرتے مرتے ادا کئے جاؤ
کتنا ہی ہو وقت بے حجابی
تم پیروئ حیا کئے جاؤ
امید شفا خدا سے رکھو
کیوں ترک کرو، دعا کئے جاؤ

غلامی و محکومی کا راز صرف یہ بتاتے ہیں کہ ہم نے بدی کو نیکی پر ترجیح دے رکھی ہے۔ سلطنت و حکمت تو مادی حیثیت سے خلافت و نیابت الٰہی ہے۔ آج ہم اپنے ایمان کو زندہ اور اخلاق کو درست کر لیں تو مادی غلبہ ابھی حاصل کر لیں۔

قوت ایمان سے کہہ دو سب کو سمجھاتی رہے
نیکیاں کثرت سے ہوں، مغلوبیت جاتی رہے

اس حقیقت کا مشاہدہ، تاسف و حسرت کی نظروں سے کرتے تھے کہ نام وطنیت و قومیت کا لے کر ساری دنیا کیا مشرق اور کیا مغرب، محض مادی غرض سندیوں کے لئے ایک دوسرے سے مصروف کارزار ہے، خوف خدا، حق پرستی کا وجود روز بروز عنقا ہوتا جاتا ہے۔ اس لئے دنیا میں ہر روز ایک نئ تکلیف کا اضافہ ہو رہا ہے،

دین خدا ہے حق کی تسلی کے واسطے
دنیا اٹھی ہے اپنی تعلی کے واسطے
عارف جو ہیں، رہیں گے وہ اللہ ہی کے ساتھ
اللہ ہی ہے ان کی تسلی کے واسطے

سلطنتوں کا عروج و زوال، زمانہ کی معمولی دھوپ چھاؤں ہے۔ آج اس قوم کا طبل اقبال بج رہا ہے۔ دولت و تاج آج ایک قوم کے سر پر ہے۔ کل دوسری کے۔ یہ مد و جزر، زمانہ کے سمندر میں ہر وقت اور ہر آن لگا رہتا ہے۔ ترک اگر اس وقت حکومت سے بے دخل کئے جا رہے ہیں تو یہ کوئی ایسی بڑی بات نہیں۔۲۶ ماتم انگیز حقیقت یہ ہے کہ ہمارا صبر و عزم، غیرت و خودداری، صدق و ثبات ہم سے

رخصت ہو رہا ہے اور ہم روز بروز بجائے توفیق الٰہی او قوت ذاتی پر اعتماد کرنے کے، دوسروں کے محتاج و دست نگر ہو جاتے ہیں، حسرت ہماری اس قلب ماہیت پر نوحہ کرتی اور عبرت آنسو بہاتی ہے۔

انتظامی بات ہے یہ، ہوتی رہتی ہے یونہی
اس کا کیا شکوہ جو ہم پر اس کو غالب کر دیا
ہاں یہ ہے افسوس، ہم سے چھن گیا صبر و قرار
طالب حق کو فلک نے اس کا طالب کر دیا

اس وقت دنیا صرف "صاحب" ہی پر تھوڑے ہی مسلط ہے، ہماری جد وجہد کا مرکز بھی تو دنیا اور محض دنیا رہ گئی ہے۔ اس سے آگے کی دور بینی رخصت۔ فلاح کی صورت صرف یہ ہے کہ ہم سے سر رشتہ صبر بہر حال نہ چھوٹنے پائے۔

ارماں بہ قدر طاقت ہر سو نکل رہے ہیں
"صاحب" تو اڑ رہے ہیں اور ہم اچھل رہے ہیں
غصہ میں ہیں ہم ان پر وہ ہم پہ ہنس رہے ہیں
دام فریب دنیا میں دونوں پھنس رہے ہیں
دونوں کو چاہئے یہ طاقت سے منہ نہ موڑیں
وہ اپنا جبر چھوڑیں ہم صبر کو نہ چھوڑیں

تحریک ترک موالات کو درجہ قبول صرف اس وقت حاصل ہو سکتا ہے جب اس ضابطہ کی پہلی دفعہ کلمہ عبودیت ہو، نہ یہ کہ اس کی بنا خود بینی پر ہو کہ یہ تو عین ابلیسیت ہوئی۔

ثواب جب ہے کہ ناخوش ہو اس بنا پر تم
کہ دل کو طاعت حق سے یہ دور کرتے ہیں
نہ یہ کہ عیش میں میرے ہیں یہ خلل انداز
ہمیں ضعیف سمجھ کر غرور کرتے ہیں

یہ تو سنجیدہ گفتگو تھی ورنہ جب ہنسنے ہنسانے پر آتے ہیں تو تحریک ترک موالات سے الگ رہنے کی وجہ کچھ اور ہی بیان کرتے ہیں۔ اس کی حیثیت 'خانگی' اتنی ہے کہ کسی نامحرم کی زبان سے ادا ہونے کے لائق نہیں، بہتر ہوگا کہ اسے خود انہیں کی زبان سے سنئے۔

مدخولہ گورنمنٹ اکبر اگر نہ ہوتا
اس کو بھی آپ پاتے گاندھی کی گوپیوں میں

یہ شعر سنا کر بولے کہ "یہ بھی آپ سمجھے میں نے اپنے کو مدخولہ گورنمنٹ کیوں کہا؟ پنشن پاتا ہوں نا؟ ملازمت میں ہوتا، تنخواہ پاتا ہوتا، تو مدخولہ نہیں منکوحہ کہتا۔"

عشق و تغزل

اکبر کی شہرت عام، غزل گو کی حیثیت سے نہیں، تاہم کلیات اول و دوم میں ان کی متعدد غزلیں اچھی سے اچھی موجود ہیں، ایسی کہ انہیں بلا تامل استادان غزل اردو کے پہلو میں رکھا جا سکتا ہے۔ کلیات اول کا سال طبع ۱۹۰۶ء ہے، اس میں حضرت اکبر نے خود اپنی غزل گوئی کے تین دور قائم کئے ہیں۔ سلسلہ بیان کے لئے ان میں سے ہر دور کے نمونہ کلام پر ایک سرسری نظر کرتے چلیئے۔

پہلا دور ۱۸۶۶ء اکبر کا سال ولادت ۱۸۴۶ء ہے۔ گویا یہ دور ان کی شاعری کے بچپن کا تھا۔ شاعر کا سن بیس سال کے اندر تھا۔ یہ سن بھی کوئی سن ہے۔ اپنے اور اپنی شاعری دونوں کے ان لڑکپن میں وہ عام غزل گویوں کے بالکل ہم نوا ہیں، تاہم برجستگی، شوخی روانی طبع و لطف زبان کے جوہر جو آگے چل کر اس آب و تاب سے چمکے، اس وقت بھی مخفی و غیر نمایاں نہیں اور رعایت لفظی لکھنؤ کے رنگ کی بھی خاصی موجود ہے۔ اشعار ذیل کے پڑھتے وقت یہ خوب یاد رہے کہ زمانہ ۱۸۶۶ اور اس سے قبل کا ہے۔ اودھ میں انگریزی نئ نئ قائم ہوئی ہے۔ نوابی کو گئے ہوئے ابھی چند ہی سال ہوئے ہیں، اودھ و مضافات اودھ میں زندگی کے ہر شعبہ میں خصوصاً شعر و ادب میں پرانے لکھنؤ کی خوبو پوری طرح باقی ہے۔ بلکہ وہی مذاق ابھی تک حاکم ہے۔

بے تکلف بوسہ زلف چلیپا لیجئے
نقد دل موجود ہے پھر کیوں نہ سودا لیجئے

دل تو پہلے لے چکے، اب جان کے خواہاں ہیں آپ
اس میں بھی مجھ کو نہیں انکار اچھا لیجئے

پاؤں پڑ کر کہتی ہے زنجیر زنداں میں رہو
وحشت دل کا ہے ایما، راہ صحرا لیجئے

سنتا ہوں چمن میں جو تیری زمزمہ سنجی
یاد آتی ہے بلبل، مجھے تقریر کسی کی

دوسرا مصرعہ غالباً طرحی ہے۔

پھر گئی آپ کی دو دن کی طبیعت کیسی
یہ وفا کیسی تھی صاحب، یہ مروت کیسی
کوچہ یار میں جاتا تو نظارہ کرتا
قیس آوارہ ہے جنگل میں یہ وحشت کیسی
جذبہ دل نے میرے تاثیر دکھلائی تو ہے
گھنگھروؤں کی جانب در، کچھ صدا آئی تو ہے
عشق کے اظہار میں ہر چند رسوائی تو ہے
پر کروں کیا، اب طبیعت آپ پر آئی تو ہے
آپ کے سر کی قسم میرے سوا کوئی نہیں
بے تکلف آیئے، کمرہ میں تنہائی تو ہے

دوسرا دور ۱۸۶۶ء تا ۱۸۸۴ء۔ رندی و ہوسناکی کے مضامین اس دور میں بھی باقی ہیں۔ تاہم جذبات نگاری کی بنیاد پڑ چکی ہے، رنگ تغزل کہیں زیادہ نکھر گیا ہے اور لطف زبان و حسن کے جوہر چمک اٹھے ہیں؛ فرماتے ہیں،

آج آرائش گیسوئے دوتا ہوتی ہے
پھر مری جان گرفتار بلا ہوتی ہے
شوق پابوسی جاناں مجھے باقی ہے ہنوز
گھاس جو اگتی ہے تربت پہ حنا ہوتی ہے
پھر کسی کام کا باقی نہیں رہتا انساں
سچ تو یہ ہے کہ محبت بھی بلا ہوتی ہے

جس نے دیکھی وہ چتون، کوئی اس سے پوچھے
جاں کیونکر ہدف تیر قضا ہوتی ہے
ہوں فریب ستم یار کا قائل اکبر
مرتے مرتے نہ کھلا یہ کہ جفا ہوتی ہے

اسی زمین میں ایک مشہور و مقبول غزل مرزا لکھنوی کی ہے۔ اکبر کی غزل اس کے ٹکر کی ہے۔

غمزہ نہیں ہوتا کہ اشارہ نہیں ہوتا
آنکھ ان سے جو ملتی ہے تو کیا کیا نہیں ہوتا
جلوہ نہ ہو معنی کا، تو صورت کا اثر کیا
بل بل گل کی تصویر کا شیدا نہیں ہوتا
میں نزع میں ہوں، آئیں تو احسان ہے ان کا
لیکن وہ سمجھ لیں کہ تماشا نہیں ہوتا
ہم آہ بھی کرتے ہیں تو ہو جاتے ہیں بدنام
وہ قتل بھی کرتے ہیں تو چرچا نہیں ہوتا

دوسرے شعر میں اکبری معنویت پوری طرح عیاں ہے۔ اور چوتھا شعر تو گویا اب ضرب المثل کی حیثیت اختیار کر چکا ہے،

یار نے کچھ خبر نہ لی، دل نے جگر نے کیا کیا
نالہ شب سے کیا ہو، آہ سحر نے کیا کیا
کھل گیا سب پہ حال دل، ہنستے ہیں دوست بر ملا

ضبط کیا نہ راز عشق، دیدہ تر نے کیا کیا

دور سوم ۱۸۸۵ء، ۱۹۰۸ء اس دور کا کلام، رنگ تغزل میں پختگی کا نمونہ ہے، طرز ادا میں سنجید گی بڑھ گئی ہے۔ مضمون آفرینی پر توجہ زیادہ ہو گئی ہے۔ غزل میں اخلاقی و روحانی مضامین کی آمد بے تکلفانہ شروع ہو گئی ہے۔ ظرافت کا چٹخارہ بھی جا بجا موجود ہونے لگا ہے۔ پھر بھی تغزل کا جو رنگ مسلم و مستند اور ثقہ استادوں کے درمیان متعارف ہے اس سے مجال نہیں کوئی مصرعہ الگ جا پڑے۔ ملاحظہ ہو،

دل مرا جس سے بہلتا کوئی ایسا نہ ملا
بت کے بندے ملے اللہ کا بندہ نہ ملا
بزم یاراں سے پھری باد بہاری مایوس
ایک سر بھی اسے آمادہ سودا نہ ملا
گل کے خواہاں تو نظر آئے بہت عطر فروش
طالب زمزمہ بلبل شیدا نہ ملا
ہوشیاروں میں تو اک اک سے سوا ہیں اکبر
مجھ کو دیوانوں میں لیکن کوئی تجھ سا نہ ملا
دل مرا ان پہ جو آیا تو قضا بھی آئی
درد کے ساتھ ہی ساتھ اس کی دوا بھی آئی
آئے کھولے ہوئے بالوں کو تو شوخی سے کہا
میں بھی آیا ترے گھر، میری بلا بھی آئی
وائے قسمت کہ میرے کفر کی وقعت نہ ہوئی

بت کو دیکھا تو مجھے یاد خدا بھی آئی
ہوئیں آغاز جوانی میں نگاہیں نیچی
نشہ آنکھوں میں جو آیا تو حیا بھی آئی
غنچہ دل کو نسیم عشق نے وا کر دیا
میں مریض ہوش تھا ہستی نے اچھا کر دیا
شان محبوبی صانع کا نشاں رکھا ہے یہ
ورنہ کیا تھا جس نے دل میں درد پیدا کر دیا
کیا مرے اک دل کو خوش کرنے پہ وہ قادر نہیں
ایک کن سے دو جہاں کو جس نے پیدا کر دیا
سب کے سب باہر ہوئے، ہوش و خرد، وہم و تمیز
خانہ دل میں تم آؤ ہم نے پردہ کر دیا
شاہد بزم ازل نے اک نگاہ ناز سے
عشق کا اس انجمن میں مسند آرا کر دیا
شور شیریں کا مزہ رکھا، شر فرہاد میں
قیس کو دیوانہ انداز لیلیٰ کر دیا
گردن پروانہ میں ڈالی کمند شوق شمع
رنگ گل کو دیدۂ بلبل کا پھندا کر دیا
جس نے یہ سب کچھ کیا اکبر میں تم سے کیا کہوں
اس نے مجھ کو کیا کیا، دل کو مرے کیا کر دیا

وہ حجاب ان کا آج تک نہ گیا
نہ گیا ان کے دل سے شک نہ گیا
اک جھلک ان کو دیکھ لی تھی کبھی
وہ اثر دل سے آج تک نہ گیا
سینہ کا زخم آہ کی سختی سے چھل گیا
اچھا ہوا مزا تو محبت کا مل گیا
ایسے ستم کئے کہ مرا قلب ہل گیا
اور اس طرح کہ سینہ کا ہر داغ چھل گیا
تیرا پتہ چمن کو صبا سے جو مل گیا
بلبل کو وجد آگیا، غنچہ بھی کھل گیا
خوش قسمتی پہ اپنی بجا ہے کروں جو ناز
اپنے ہی دل میں مجھ کو مرا رب بھی مل گیا
الجھا نہ میرے آج کا دامن کبھی کل سے
مانگی نہ مدد دل نے مرے طول امل سے
ان کی نگہ مست ہے لبریز معانی
ملتی ہوئی تاثیر میں حافظ کی غزل سے
ادراک نے آنکھیں شب اوہام میں کھولیں
واقف نہ ہوا روشنی صبح ازل سے
قرآن ہے شاہد کہ خدا حسن سے خوش ہے

کس حسن سے یہ بھی تو سنو حسن عمل ۲۸ سے

حکم آیا خموشی کا تو بس حشر تلک چپ

ہیبت تیرے پیغام کی ظاہر ہے اجل سے

درجہ متحیر کا ہے، بے خود سے فروتر

ہے روح کی امید ترقی کی اجل سے

بحث کہن و نو، میں سمجھتا نہیں اکبر

جو ذرہ ہے موجود ہے وہ روز ازل سے

یہ تین دور تو خود حضرت اکبر کے قائم کئے ہوئے تھے، کلیات اول کے زمانہ تک۔ اب اس کے بعد دور چہارم۔ ۱۹۰۹ء سے ۱۹۱۲ء تک سمجھئے۔ یہ کوئی مستقل دور نہیں۔ اسے دور سوم کا تکملہ ہی سمجھنا چاہئے۔ دور سوم تک کا کلام، کلیات اول میں موجود ہے، اس کے بعد کے چار سال کا کلام کلیات دوم میں ہے، بس اسی لئے اس حصہ کے لئے ایک جداگانہ دور قائم کرنا پڑا۔ ۱۹۰۸ء تک غزل میں جتنی پختگی آنا تھی، سب آچکی تھی، شاعر کی عمر اب ۶۰-۶۲ سال کی ہو چکی تھی، اور شمار اب استادوں میں تھا۔ اس کے بعد صنف غزل میں کسی جدت کی نہ توقع تھی اور نہ کوئی جدت واقع ہوئی۔ کیفیت وہی قائم رہی، البتہ کمیت کے لحاظ سے یہ فرق ہوا، کہ کلیات اول میں بڑا حصہ غزلوں ہی کا ہے۔

کلیات دوم میں اول تو یہ تناسب ہی گھٹ گیا ہے اور پھر جتنا حصہ غزلیات کا ہے بھی، اس میں بھی معاملات صرف عشق و محبت ہی کے بندھے ہوئے نہیں، بلکہ مضمون، اخلاق، معاشرت، فلسفہ، سیاست تصوف و معرفت سب ہی کے شامل۔

بایں ہمہ اس دور کا عاشقانہ حصہ بھی کسی معیار سے نظر انداز کرنے کے قابل نہیں۔ لطف و کیفیت ہر ہر سطر سے نمایاں، پختگی اور شگفتگی کے ثبوت ہر ہر صفحہ پر۔ مضمون آفرینی اور استادی کا رنگ ایک ایک شعر سے پھوٹا پڑتا ہے۔ طبیعت کی آمد، جدت مضامین کے ساتھ ردیف و قافیہ میں بھی ندرت کی بہار دکھانے لگی ہے۔

وقت طلوع دیکھا، وقت غروب دیکھا
اب فکر آخرت ہے دنیا کو خوب دیکھا

اس نے خدا کو مانا، وہ ہو رہا بتوں کا
یا اس نے خوب سمجھا، یا اس نے خوب دیکھا

نہ یہ رنگ طبع ہوتا، نہ یہ دل میں جوش ہوتا
یہ جنوں اگر نہ ہوتا، تو کہاں یہ ہوش ہوتا

غم دہر سے بچاتا ہے بشر کو مست رہنا
مجھے شاعری نہ آتی تو میں بادہ نوش ہوتا

تمہیں دیکھ سن کے فطرت نے میں نقش کھینچے ورنہ
نہ یہ ہوتی چشم نرگس، نہ یہ گل کا گوش ہوتا

دل و دیں سب اس کے صدقے، جو وہ خود نما بنا ہے
کوئی زندہ ہی نہ رہتا جو وہ خود فروش ہوتا

حسن نظامی، اکبر کا کلام سن کے بولے
تجھے میں ولی سمجھتا جو تو خرقہ پوش ہوتا

بتوں سے میل، خدا پر نظر، یہ خوب کہی

شب گناہ و نماز سحر، یہ خوب کہی
تمہاری خاطر نازک کا ہے خیال فقط
وگرنہ مجھ کو رقیبوں کا ڈر، یہ خوب کہی
شباب و بادہ و فکر مآل کار چہ خوش
جنون و عشق و خیال خطر یہ خوب کہی
سوال وصل کروں یا طلب ہو بوسہ کی
وہ کہتے ہیں مری ہر بات پر، یہ خوب کہی
آہ دل سے جو نکالی جائے گی
کیا سمجھتے ہو کہ خالی جائے گی
یاد ان کی ہے بہت عزلت پسند
آہ بھی دل سے نکالی جائے گی
نزع کہتی ہے کہ روٹھی تجھ سے جاں
حشر کہتا ہے منالی جائے گی
یاد ابرو میں ہے اکبر محو کیوں
کب تری یہ کج خیالی جائے گی
ایک صوت سرمدی ہے جس کا اتنا ہوش ہے
ورنہ ہر ذرہ ازل سے تا ابد خاموش ہے
آئینہ سے بھی وہ بچتے ہیں کہ پڑ جائے نہ عکس
شرم کہتی ہے کہ یہ بھی صاحب آغوش ہے

حضرت منصور کہتے ہیں "انا" بھی حق کے ساتھ
دار تک تکلیف فرمائیں، جب اتنا ہوش ہے

(یہ تیسرا شعر منصور علاج کی پر شور و معرکۃ الآرا بحث میں قول فیصل کی حیثیت رکھتا ہے دوسرا مصرعہ پڑھتے وقت، تکلیف شرعی کی اصطلاح یاد رہے)

شوق وصل شعلہ رویاں، کیوں نہ ہو برسات میں
ابر کو بھی دیکھتا ہوں برق در آغوش ہے

رنگ شراب سے نیت مری بدل گئی
واعظ کی بات رہ گئی، ساقی کی چل گئی

تیار تھا نماز پہ میں سن کے ذکر حور
جلوہ بتوں کا دیکھ کے نیت بدل گئی

مچھلی نے ڈھیل پائی ہے لقمہ پہ شاد ہے
صیاد مطمئن ہے کہ کانٹا نگل گئی

چمکا ترا جمال جو محفل میں وقت شام
پروانہ بے قرار ہوا شمع جل گئی

حسرت بہت ترقی دختر کی تھی انہیں
پردہ جو اٹھ گیا تو وہ آخر نکل گئی

دور پنجم ۱۹۱۴ء تا ۱۹۱۹ء اس دور کا کلام کلیات سوم میں ہے اور وہی اس تبصرہ کا اصل موضوع ہے۔ شاعر کی عمر اب ستر کے لگ بھگ یا ستر سے اوپر ہے۔ اور اب وہ شاعر سے کہیں زیادہ مفکر ہے۔ دل شاہد و شراب چنگ و رباب کے تذکروں سے

اچاٹ ہو چکا ہے۔ آگ معرفت اور عشق حقیقی کی بھڑک چکی ہے۔ رواجی، مجازی، تغزل کا رنگ ہلکا پڑ چکا ہے۔ غزل کہنا بھی اس زمانہ میں بہت کم ہو گیا تھا۔ عموماً سیاسی، اخلاقی، عارفانہ و ظریفانہ نظمیں کہا کرتے تھے، عنوان غزلیات کا کلیات سوم میں بھی خاصہ بڑا نظر آتا ہے لیکن در حقیقیت غزلیت کا عنصر ان میں بہت ہی کم ہے۔ عموماً وہ واقعات حاضرہ پر شاعر کے خیالات اور تبصرے ہیں۔ صرف غزل کے سانچے میں انہیں موزوں کر دیا گیا ہے۔ یہ خصوصیت موجود تو کسی قدر ان کی ابتدائی غزلوں میں بھی ہے، درمیانی کلام میں بڑھ گئی اور آخری زمانہ میں تو یہی خصوصیت، دوسری خصوصیتوں پر چھا گئی اور غالب آ گئی۔

کلیات اول کے پہلے ایڈیشن کے شائع ہونے پر ایک ناقد نے اپنی رائے ظاہر کی تھی،

"مصنف بہ نسبت شاعر کے بہت زیادہ تھنکر (سوچنے والا، صاحب فکر) یا فلاسفر ہے جس نے اپنے خیالات کو خوبی کے ساتھ نظم کر دیا ہے۔"

حضرت اکبر کو یہ رائے بڑی پسند آئی، اسے وہ اپنی حقیقی داد سمجھے اور واقعہ ہے بھی یہی کہ جوں جوں ان کی شاعری نکھرتی گئی وہ روز بروز اس خیال کے مصداق صحیح سے صحیح تر ہوتے گئے۔ مثال کے طور پر کلیات سوم کی دو ایک غزلیں درج ذیل ہیں۔ ان سے معلوم ہو گا کہ قالب اگر چہ غزل کا ہے لیکن روح ذرا بھی غزل کی نہیں (غزل اپنے عام عرفی و مقبول معنی میں) ۲۹ جام سبو کی شکل پر جائیے تو اب بھی ہر طرف شراب ہی شراب نظر آئے گی، لیکن چکھ کر دیکھئے تو آپ خود ہی پکار اٹھیں گے کہ "استغفر اللہ، شراب یہاں کہاں۔ یہ تو پیالیوں میں اخلاق و موعظت

کی یخنی رکھی ہوئی ہے یا گلاسوں میں طریقت و معرفت کا آب طہور چھلک رہا ہے۔ بوتلوں میں ظرافت کی چاشنی سیاسیات کے شربت میں شیر و شکر ہوتی نظر آ رہی ہے۔

ذیل کی غزل کو آپ غزل کہیں گے یا ایک درس تصوف، "سخن بازناں گفتن" یہ کسی معنی میں ہے۔

نگاہ اٹھی ہے احساس ماسوا کے لئے
کہاں ہے دل ذرا روکے اسے خدا کے لئے
رواں ہو کار جہاں کیوں ہماری مرضی پر
خدا ہمارے لئے ہے کہ ہم خدا کے لئے
عمل خدا کے لئے ہو تو اس کا کیا کہنا
مگر ریا یہ بری صرف واہ وا کے لئے

لیلائے تغزل کے مجنوں، دور سے محمل کو دیکھ کر شوق سے اس کی طرف لپکتے ہیں، پاس آکر اندر جھانکتے ہیں تو نہ کوئی عشوہ فروش ہے نہ کوئی زہرہ جبیں، بلکہ ایک شیخ وقت مع اپنے جبہ و دستار کے تسبیح و تہلیل میں مصروف نظر آتے ہیں۔

خدا کے نام کا ہے احترام عالم میں
نہ صرف آپ میں ہم میں، تمام عالم میں
اسی کا نام کیوں مرکز زباں ہو جائے
کہ اختلاف سے خالی ہو کام عالم میں
خدا پرست کو کافی ہے مثل ابراہیم

زوال شمس و قمر صبح و شام عالم میں
یہی مشن تھا جناب رسولؐ اکرم کا
اور آج انہیں کا تو روشن ہے نام عالم میں

ذوق نظر کے شیدائی، چنگ و رباب کے رسیا، دور سے باجے گاجے کی آواز سن سنا دوڑتے ہوئے آتے ہیں کہ چلیں اندر سبھا کے ناٹک کا لطف اٹھائیں، جلوہ گاہ کا جب پردہ اٹھتا ہے تو سارا وہم و تخیل ہی برباد۔ نہ مطرب ہے نہ ساز، نہ ساقی ہے نہ انداز، محفل میں بجائے ساز کے سوز ہے، لبوں پر بجائے واہ کے آہ ہے۔ طبلہ کی تھاپ کی جگہ ضربیں اللہ ہو کی لگ رہی ہیں۔ چہروں پر بجائے ہنسی کی کھکھلاہٹ کے خشیت الٰہی۔ درمیان میں ایک صاحب حال درویش اپنی آگ سے دوسروں کو گرما رہے ہیں۔

گو سعی ہوائے شوق نے کی، بو اس کی نہ نکلی محفل سے
مجنوں نے اڑائی خاک بہت، لیلیٰ نے نہ جھانکا محمل سے
دنیا کے تغیر کا نہیں حس شیدائے جمال باری کو
پروانہ کو مطلب شمع سے ہے، کیا کام ہے رنگ محفل سے
احساس ہی ایذا کا نہ ہوا، فریاد و فغاں کیا کرتا
جس وقت تہ خنجر تھا گلا، آنکھ اپنی ملی تھی قاتل سے

طبیعت زہد خشک سے اکتا چلی ہو، اور دل میں ظرافت کی گدگدی اٹھ رہی ہو، تو اس رنگ کو بھی لینے کہیں دور نہیں جانا ہے۔ ندرت قوافی کے طلسم ساز کے لئے آگ کو برف بنا کر پیش کر دینا کیا مشکل ہے۔ اس رنگ کا کلام بھی غزلوں ہی کے

تحت میں موجود ہے۔

اب نہ جنگی علم نہ جھنڈا ہے
صرف تعویز اور گنڈا ہے
کیا ہے باقی جناب قبلہ میں
کچھ حدیثیں ہیں ایک ڈنڈا ہے

غرض آخری دور کا جو کلام غزلیات کے زیر عنوان رکھا گیا ہے، اس کا بیش تر حصہ ایسا ہے کہ بس وہ نام ہی کی غزلیں ہیں۔

بایں ہمہ جب کبھی غزل سرائی پر آئے ہیں، پورے عاشق بن گئے ہیں، جو کچھ بھی عاشقانہ رنگ میں کہا ہے خوب کہا ہے۔ اپنے مرتبہ کمال کو اس رنگ میں بھی قائم رکھا ہے، اور درجہ استادی کو کہیں ہاتھ سے جانے نہیں دیا ہے۔ لطف زبان و سلاست بیاں، ان کی غزل کی جان ہے۔ دشوار پسندی نے بعض اچھے اچھے غزل گویوں کو غارت کر دیا ہے، اکبر کا گلستان ان کانٹوں سے بالکل پاک ہے۔ پھر بیان کی لطافت کے ساتھ خیال کی بلندی بھی موجود۔ صورت کے بناؤ سنگار میں اتنا محو نہیں ہوتے کہ سیرت کی تہذیب و شائستگی سے غافل ہو جائیں۔ جانتے ہیں کہ قافلہ میں سب ہی طرح کے لوگ ہیں۔ ایسے بھی محض محمل کی آب و تاب اور چمک دمک سے جی خوش کر لیں گے۔ ایسے بھی جو محفل نشیں کی زیارت کئے بغیر دم نہ لیں گے۔ دونوں طبقات کے دلوں کی ڈوریں یہ ناقہ بان سخن اپنے ہاتھ میں لئے ہوئے ہے۔

رسمی شاعروں کے خلاف ایک غزل میں تماشہ گاہ فطرت کا نظارہ کرتے ہیں،

اور فطرت کے کھلے ہوئے میدان میں، دن دوپہر وہ مزے حاصل کرتے ہیں، جن کی تلاش رسمی شاعروں کو خدا جانے کہاں کہاں سرگرداں رکھتی ہے۔ اور یہ لطف انہیں خلوت میں بھی ہمہ وقت حاصل ہے۔ لیکن پھر آخر جذبات مشرقی شاعر کے رکھتے ہیں، اور اس کو مقطع میں نباہ لے جاتے ہیں۔

جلوہ عیاں ہے قدرت پروردگار کا
کیا دل کشا یہ سین ہے فصل بہار کا
نازل ہیں جوش حسن پہ گلہائے دلفریب
جوبن دکھا رہا ہے یہ عالم ابھار کا
ہیں دیدنی بنفشہ و سنبل کے پیچ و تاب
نقشہ کھنچا ہوا ہے خط و زلف یار کا
سبزہ ہے یا یہ آب زمرد کی موج ہے
شبنم ہے، بحر یا گہر آبدار کا
مرغان باغ زمزمہ سنجی میں محو ہیں
اور ناچ ہو رہا ہے نسیم بہار کا
موج ہوا سے زمزمہ عندلیب مست
اک ساز دل نواز ہے مضراب و تار کا
ابر تنک نے رونق موسم بڑھائی ہے
غازہ بنا ہے روئے عروس بہار کا
افسوس اس سماں میں بھی اکبر اداس ہے

سوہان روح ہجر ہے اک گلعذار کا

(رسمی شاعر بے چارے حقیقت سے بے نیاز محض الفاظ کی تراش خراش میں لگے رہتے ہیں)، ان کی شاعری پر یہ حقیقی شاعر کیسی جنچی تلی رائے کا اظہار کرتا ہے۔ رائے شاعرانہ بھی اور صحیح بھی،

معنی کو چھوڑ جو ہوں نازک بیانیاں
وہ شعر کیا ہے رنگ ہے لفظوں کے خون کا

ذیل کی غزل میں تغزل کے پامال مضمونوں کو زمین سے اٹھا کر آسمان پر پہنچا دیا ہے۔ آخری شعر ہی پایہ کا ہے کہ کہنے والے کی نجات کے لئے بس کرتا ہے۔

گھٹتا جاتا ہے مری نظروں میں مقدور مرا
بڑھتا جاتا ہے شمار ان کے خریداروں کا
بحث میں عفو و سزا کے یہ لڑتے مرتے ہیں
فیصلہ کر ہی دو اب اپنے گنہگاروں کا
بے خطر پھرتا ہوں بازار جہاں میں ہر سو
کیسہ خالی ہے تو کیا خوف ہے عیاروں کا
فطرت اٹھی ہے شفاعت کو، ملائک ہیں خموش
حشر ہے عشق و محبت کے گنہگاروں کا

غزلیہ شاعری کا سب سے زیادہ پامال مضمون عشق ہے۔ ہر سخن گو کا تختہ مشق یا تکیہ کلام۔ دفتر کے دفتر اس کی شرح میں سیاہ ہو چکے ہیں اور عاشقوں کی تعداد کا تو کوئی شمار و حساب ہی نہیں۔ لیکن کیفیت عشق، لفظ و عبارت کی مدد سے کچھ بھی واضح

ہو پائی ہے ؟ اکبر اس گونگے کے خواب کی مصوری اپنے مرقع میں کرتے ہیں۔

عشق میں حسن بیاں وجہ تسلی نہ ہوا
لفظ چمکا مگر آئینہ معنی نہ ہوا

اسلوب بیان کی ندرت و بلاغت ملاحظہ ہو۔ شاعر کو دعویٰ اپنی قوت گویائی پر ہے، بڑے بڑے پیچیدہ مسئلوں کو وہ باتوں باتوں میں سمجھا دیتا ہے، دقائق کی گتھیاں وہ ایک اشارے میں سلجھا دیتا ہے۔ حسن بیان اس ساری داستان کا ترجمان ہے لیکن عاشق ہونے کے بعد اسے کچھ ایسا نظر آتا ہے کہ اس کی یہ ساری قوت گویائی بے کار ہی گئی۔ الفاظ کا ذخیرہ اب بھی وہی، بیان کا ملکہ اب بھی وہی، قدرت زبان وہی، لفظ سجل اور سڈول، تقریر بلیغ و شستہ، یہ سارا مفہوم "لفظ چمکا" سے ظاہر ہوتا ہے۔ یہ سب کچھ ہے لیکن پھر بھی کوئی بات تو ایسی ہے کہ معنی کی توضیح نہیں ہو پاتی۔ کیفیت قلب کا عکس دوسروں پر نہیں پڑنے پاتا۔ شیشہ میں آب و تاب، چمک سب موجود لیکن عکس قبول کرنے کی صلاحیت سے محروم ہے۔ "آئینہ معنی نہ ہوا" جام بلور میں اس پوری کیفیت کا آئینہ ہے۔ ضمناً یہ پہلو بھی "وجہ تسلی نہ ہوا" سے آ گیا ہے کہ تسلی کا تعلق زبان و بیان سے نہیں بلکہ قلب اور اس کے احساس سے ہے۔ اسی زمین میں ایک دوسرا شعر بھی ہے، افسردگی یاس و حرماں نصیبی کی ایک بولتی ہوئی تصویر۔ ایسے کلام کی قدر چڑھتی جوانی میں نہیں، بڑھاپے کو پہنچ کر ہوتی ہے۔

دل میں کہتے تھے کہ یہ ہو گا وہ ہو گا لیکن
کٹ گئی عمر امیدوں ہی میں، کچھ بھی نہ ہوا

اکبر کے دور آخر کی اکثر غزلوں کی تان، یاس و افسردگی کی آہوں پر آکر ٹوٹتی

ہے۔ دنیا کی بے ثباتی اور اس سے اپنی بے تعلقی، لذات دنیا کی بے حقیقی، یہ موضوع اکثر غزلوں میں مشترک ہے۔ ذیل کی غزل انہیں جذبات کی ترجمان ہے۔ بعض تشبیہوں کی ندرت پر لطافت لوٹ لوٹ جاتی ہے۔

دنیا میں ہوں، دنیا کا طلبگار نہیں ہوں
بازار سے گذرا ہوں خریدار نہیں ہوں
زندہ ہوں مگر زیست کی لذت نہیں باقی
ہر چند کہ ہوں ہوش میں ہوشیار نہیں ہوں
اس خانہ ہستی سے گزر جاؤں گا بے لوث
سایہ ہوں فقط نقش بہ دیوار نہیں ہوں
افسردہ ہوں عبرت سے، دوا کی نہیں حاجت
غم کا مجھے یہ ضعف ہے، بیمار نہیں ہوں
وہ گل ہوں خزاں نے جسے برباد کیا ہے
الجھوں کسی دامن سے، میں وہ خار نہیں ہوں
یارب مجھے محفوظ رکھ اس بت کے ستم سے
میں اس کی عنایت کا طلبگار نہیں ہوں
گو دعویٰ تقویٰ نہیں درگاہ خدا میں
بت جس سے ہوں خوش، ایسا گنہگار نہیں ہوں
افسردگی و ضعف کی کچھ حد نہیں اکبر
کافر کے مقابل میں بھی دیندار نہیں ہوں

دنیا میں رہ کر دنیا سے بے لوث و بے تعلق رہنے کو بہت سے شاعروں نے باندھا ہے، لیکن یہاں پہلے اور تیسرے شعر میں جن لطیف و دلنشیں تشبیہات کی مدد سے یہ مضمون باندھا گیا ہے وہ اکبر ہی کا حصہ ہیں۔ ضعف کا مضمون بھی پامال ہو چکا ہے لیکن اکبر چوتھے شعر میں ایک نیا پہلو یہ نکالتے ہیں کہ غم وافسردگی میں اس قدر لاغر ہوں کہ لوگ مجھے بیمار سمجھ رہے ہیں۔ اور دوا کی فکر میں ہیں۔ چھٹے اور ساتویں شعر میں سیاسی رمز اور کنائے ہیں۔

عشق کا دم بھرنے والے لاکھوں کی تعداد میں ہوں لیکن واقعی عشق رکھنے والے کہیں دو چار ہی ملیں گے، آہیں سب کرتے ہیں لیکن مجنوں کا سوز کسی کی آہ میں نہیں ملتا۔ سوز عشق کی اہلیت بس مخصوص ہی اشخاص میں ہوتی ہے، عام خلقت کو اس سے کوئی واسطہ نہیں ہو سکتا، اس مفہوم کو یہ شاعریوں ادا کرتا ہے۔

باطن بہت ہیں ایسے جو مشتعل نہیں ہیں
سینہ میں سب کے دل ہیں سب اہل دل نہیں ہیں

اس مضمون کو ایک مطلع میں بھی ادا کیا ہے،

مقبول جو ہوں شاذ ہیں، قابل تو بہت ہیں
آئینہ کے مانند ہیں کم، دل تو بہت ہیں

"مقبول" و "قابل" کا تقابل بھی کیا خوب۔ اسی زمین میں ایک اور شعر بھی ہے اور وہ اسی مضمون سے متعلق،

وہ کم ہیں تڑپنے میں جنہیں ملتی ہے لذت
یوں آپ کی شمشیر کے بسمل تو بہت ہیں

تیغ کے بسمل تو ہزار ہا نکل آئیں گے لیکن اس تڑپ میں لذت پانے والے کتنے نکلیں گے؟ مجاز پر محمول کیجئے یا حقیقت پر، سیاست میں لے جایئے یا معرفت میں، بہر حال جس پہلو سے بھی چاہئے، الٹ پلٹ کر کے اس شعر کو لیجئے، واقعیت سے خالی کوئی بھی پہلو نہ نکلے گا۔ عاشق خوب جانتا ہے کہ کوئے قاتل میں پھرنا جان سے ہاتھ دھونا ہے لیکن اگر انجام بینی اس قصہ سے باز رکھے، اور دل پر اسے اتنا ہی قابو حاصل رہے تو پھر عاشق کیوں کہلائے۔

ذوق ہوائے کوچہ قاتل کو کیا کروں
مہلک سہی یہ شوق مگر دل کو کیا کروں

اس کی تڑپ، اس کا سوز اس کا جوش و خروش، ان میں سے کوئی شے وہ اپنے قصد و اختیار سے نہیں پیدا کرتا، یہ ساری کیفیات اضطراری ہوتی ہیں، اس کا متاثر قلب، اس سے خود بخود یہ سب کچھ کراتا رہتا ہے۔

اظہار اضطراب کا شائق نہیں ہوں میں
پہلو میں لیکن اس دل بسمل کو کیا کروں

ناصح کہتے ہیں کہ نظارہ گل ترک کرلے تو دل قابو میں آجائے گا لیکن یہ نہیں جانتے کہ ہوا کی مستی اور دوسرے عاشقوں کی صدائیں کب دل پر قابو رہنے دیں گی۔

قطع نظر گلوں سے نہیں مانع جنوں
بوئے بہار و شور عنادل کو کیا کروں

داغؔ کی ایک مشہور غزل ہے،

بات میری کبھی سنی ہی نہیں
جانتے وہ بری بھلی ہی نہیں

اس کا یہ شعر خوب چلا ہوا ہے۔

لطف مے تجھ سے کیا کہوں زاہد
ہائے کم بخت تونے پی ہی نہیں

اس زمین میں اکبر نے جو گل بوٹے کھلائے ہیں ذرا اس کی بھی سیر ہو جائے،

چرخ سے کچھ امید تھی ہی نہیں
آرزو میں نے کوئی کی ہی نہیں
مذہبی بحث میں نے کی ہی نہیں
فالتو عقل مجھ میں تھی ہی نہیں
چاہتا تھا بہت سی باتوں کو
مگر افسوس اب وہ جی ہی نہیں
جرات عرض حال کیا ہوتی
نظر لطف اس نے کی ہی نہیں
اس مصیبت میں دل سے کیا کہتا
ایسی کوئی مثال تھی ہی نہیں
آپ کیا جانیں قدر یا اللہ
جب مصیبت کوئی پڑی ہی نہیں
شرک چھوڑا تو سب نے چھوڑ دیا

میری کوئی سوسائٹی ہی نہیں
پوچھا اکبر ہے آدمی کیسا
ہنس کے بولے وہ آدمی ہی نہیں

فالتو کو کس خوبی سے کھپا دیا ہے اور سوسائٹی کا قافیہ لانا تو اکبر کا مخصوص حصہ تھا۔ گردش چرخ کا شکوہ سب ہی شاعر شروع سے کرتے آئے ہیں۔ اکبر نے دوسروں کے تجربہ سے فائدہ یہ اٹھایا کہ سرے سے کوئی آرزو ہی فلک سے قائم نہ کی اور مزے میں رہے۔ پانچویں شعر میں ایک نادر مضمون باندھا ہے۔ مصیبت زدہ کی تسکین کے لئے دوسروں کی مثالیں پیش کی جاتی ہیں، لیکن ہمارے شاعر کو جن مصائب کا سامنا ہوا ہے، ان کی کوئی نظیر اب تک موجود ہی نہ تھی۔ وہ کس کی مثال سے اپنے دل کو تسکین دیتے۔ مصائب کے فوق الحد ہونے کا یہ ایک نادر پیرایہ اظہار ہے۔ چھٹے اور ساتویں شعر کا تعلق ذاتی تجربہ سے ہے، ان کی داد دینا بغیر آپ بیتی کی مدد کے ممکن نہیں۔

ایک اور غزل ملاحظہ ہو،

جلوہ ساقی و مے جان لئے لیتے ہیں
شیخ خوش ہوں کہ خفا ہم تو پیے لیتے ہیں
دل میں یاد ان کی جو آتی ہوئی شرماتی ہے
درد اٹھتا ہے کہ ہم آڑ کیے لیتے ہیں
دور تہذیب میں پریوں کا ہوا دور نقاب
ہم بھی اب چاک گریباں کو سئے لیتے ہیں

خودکشی منع، خوشی گم، یہ قیامت ہے مگر
جینا ہی کتنا ہے اب، خیر جئے لیتے ہیں
لذت وصل کو پروانہ سے پوچھیں عشاق
وہ مزہ کیا ہے جو بے جان دیے لیتے ہیں

دوسرا شعر عاشقانہ رنگ میں لاجواب ہے۔ عارفانہ پہلو بھی ہے۔ یہ مضمون کتنا سچا ہے کہ بغیر درد کے ان کی یاد ہی نہیں ہو سکتی۔ اور اسے کس بانکپن سے ادا کیا ہے۔ آخری شعر بھی اسی رنگ میں ہے، تیسرے اور چوتھے شعر میں شاعر پھر اپنے اصلی عالم میں چلا گیا ہے۔

نامانوس قافیہ لا کر کلام میں شعریت باقی رکھنا، بلکہ اس کے لطف و ذوق کو دوبالا کر دینا ہر شخص کے بس کی بات نہیں۔ ازل سے یہ دولت اکبر کے حصہ میں آچکی تھی۔ فرماتے ہیں اور کس بے تکلفی کے ساتھ فرماتے ہیں۔

اس دور میں شاعر کے لئے قوت نہیں ہے
ہیں باغ میں طوطی کے لئے توت نہیں ہے
نیچر میں جوانی کو تو موجود ہی پایا
سائنس سے سنتے تھے کہیں بھوت نہیں ہے
لفظوں ہی کے چکر میں ہیں اب افعل و فعل
چرخا ہی چلاتا ہے اور سوت نہیں ہے
نیچر ہی کا مطبخ ہے بہت معتبر اکبر
تم دیکھتے ہو پھل میں کہیں چھوت نہیں ہے

اکبر کا اصلی مقام معرفت و حقائق لاہوت ہے، لیکن جب قافیہ پیمائی کے ناسوت میں اترتے ہیں تو دیکھنے والوں کو مبہوت کر دیتے ہیں۔ اب مزید توصیف سے سکوت ہی اولیٰ۔

خالص عاشقانہ رنگ کے شیدائی، اپنے ذوق کی تسکین کا سامان عجب نہیں کہ ان غزلوں میں پا سکیں۔

عشق کہتا ہے بیان حال کی پروا نہ کر
تیرے دل کی خود بخود ان کو خبر ہو جائے گی
میں شب فرقت میں تڑپوں اور وہ سوئیں چین سے
کس طرح مانوں محبت بے اثر ہو جائے گی
تجھے اے امید فردا، دل و جان سے پیار کرتے
مگر اپنی زندگی کا نہیں اعتبار کرتے
ہے بتوں کی خود نمائی مری غفلتوں سے قائم
میں اگر نظر نہ کرتا تو وہ کیوں سنگار کرتے
ترے ہاتھوں کی زینت تو ہے شاخ گل سے افزوں
ہمیں دسترس جو ہوتا تو گلے کا ہار کرتے
صبر جاتا ہے اور عشق کی چل جاتی ہے
ضبط کرتا ہوں، مگر آہ نکل جاتی ہے
کچھ نتیجہ نہ سہی عشق کی امیدوں کا
دل تو بڑھتا ہے، طبیعت تو بہل جاتی ہے

شمع کے بزم میں جلنے کا جو کچھ ہو انجام
مگر اس عزم سے سانچہ میں تو ڈھل جاتی ہے

کتمان راز عشق مرے آب و گل میں ہے
خاموش ہے زبان، جو کچھ ہے وہ دل میں ہے
افعی و زلف مس کا تو سودا برا نہیں
پیچیدگی جو کچھ ہے فقط اس کے بل میں ہے

بل (فرد حساب) کا تعلق سودے سے تو خاص انگریزی دکانداری کا ضلع ہے۔ لکھنو کا ذوق قدیم اس کی زیادہ قدر نہ کر سکا، البتہ یہ افعی و زلف دونوں کے لئے پیچیدگی عجب نہیں جو اہل لکھنو ان مناسبتوں پر لوٹ لوٹ جائیں، اکبر کے سارے قصور معاف کر دیں۔ داد میں دفتر کے دفتر سیاہ کر دیں، لفظ لفظ کیا نقطہ نقطہ کی تشریح مو بمو کرنے لگیں، بال کی کھال نکالنے لگیں اور سلسلہ بیان دیر تک برہم نہ ہونے پائے۔

کہیں کہیں شعر اس رنگ کا بھی فرما گئے ہیں جو استاد امانت کی روح کو وجد میں لے آئے، مثلاً

اس سرو قد پہ اکبر مدت سے مر رہا ہوں
اللہ راست لائے کوشش تو کر رہا ہوں

بے ساختگی تو یہاں بھی ہے لیکن اس کے باوجود بھی ایسی مثالیں شاذ ہی ملیں گی۔ عموماً کہتے وہی ہیں جو دل میں محسوس کر چکے ہوتے ہیں، ان کی شاعری اکھاڑہ کا کرتب نہیں، واردات قلب کا عکس ہے۔ اپنے پر جو گذرتی ہے وہی دوسروں کو بھی

سنا چلتے ہیں، خود بھی اپنے اس ہنر سے واقف ہیں اور اعتراف کرتے ہیں کہ بجز اس کے اور میرے کلام میں ہے کیا؟

شعر اکبر میں کوئی کشف و کرامات نہیں
دل پہ گذری ہوئی ہے اور کوئی بات نہیں

اپنے میں اور رسمی شاعروں میں جو فرق پایا، اسے بھی صاف صاف بیان کر دیا ہے۔

میں اپنے آپ میں، ان شاعروں میں فرق پاتا ہوں
سخن ان سے سنورتا ہے، سخن سے میں سنورتا ہوں

اتنا نمونہ حضرت اکبر کے آخری دور تغزل کا کافی ہو گا۔ ضمناً ابتدائی اور وسطی دور کے کلام سے بھی تعارف ہو گیا۔ یہ صحیح ہے کہ اکبر کی عظمت کی بنیاد ان کے عاشقانہ کلام پر نہیں، دوسرے اصناف سخن پر ہے لیکن اس کے باوجود خاص تغزل میں بھی ان کا مرتبہ اردو شاعروں میں کچھ ایسا گیا گزرا نہیں کہ ان کے لئے باعث توہین اور ان کے پرستاروں کے لئے باعث شرم ہو۔ روز مزہ شیریں اور زبان کی صفائی میں تو ان کی اکثر غزلوں پر داغ کے کلام کا دھوکا ہو جاتا ہے، اور معنوی بلند پروازیوں میں اگر وہ غالب کے ہم سطح نہیں تو بھی مومن، شیفتہ وغیر ہم کے طبقہ میں تو انہیں بے تکلف جگہ مل ہی سکتی ہے۔ مثالیں کلام کے ابتدائی اور درمیانی دور میں بکثرت ملیں گی، آخری دور میں اکثر۔

اخلاق و معاشرت

اکبر کے صحیفہ کمال کا روشن ترین عنوان اخلاق و معاشرت ہے۔ ان کی

شاعری کی روح، ان کی اخلاقی و معاشری تعلیمات ہیں، ابتدائی دور میں تغزل کی شوخیاں غالب تھیں، آخری دور میں تصوف کے خرقہ پوش ہو گئے تھے لیکن دو چیزیں ایسی تھیں، جنہوں نے اول سے آخر تک کبھی ساتھ نہ چھوڑا، بلکہ ہر دور میں رفاقت قائم رکھی، ایک تو پیرایہ ادا اور انداز بیان کی ظرافت، دوسرے مفہوم سخن و موضوع کلام کے حدود میں اصلاح معاشرت و تزکیہ اخلاق۔

اکبر کی شاعری کے عروج و شہرت کا زمانہ بیسویں صدی عیسوی کی دوسری دہائی ہے لیکن ان کی اصلاحی شاعری کی بنیاد ۱۹ ویں صدی کی آخری چوتھائی میں پڑ چکی تھی، اور بیسویں صدی کے شروع ہی سے وہ خاصے مشہور بھی ہو چکے تھے۔ ہندوستان، خصوصاً مسلمانان ہندوستان میں عین یہی زمانہ مغربی تمدن، مغربی معاشرت، مغربی علوم، غرض مغربیت کے ہر شعبہ کے انتہائی عروج، مقبولیت و فروغ کا ہے۔ اکبر جب دنیا میں روشناس ہوئے ہیں تو اس وقت کی صورت حال کا نقشہ ذرا تفصیل کے ساتھ تصور میں لے آیئے۔

ہنگامہ ۱۸۵۷ میں فرو ہوئے ابھی چند ہی سال ہوئے ہیں اور ہندوستان پوری طرح مزہ چکھ چکا ہے کہ زبر دست کے مقابلہ میں کمزور کے سر اٹھانے کا کیا نتیجہ ہوتا ہے۔ ملت اسلامی خصوصیت کے ساتھ اپنی غفلتوں اور عیش پرستیوں کے نتائج بھگت رہی ہے۔ صدیوں تک جس ملک میں حکومت کی بڑے کرو فر کے ساتھ، بڑی شان وشوکت کے ساتھ، کبھی غوریوں کے نام سے کبھی خلجی بن کر کبھی سیدوں کے نام سے اور کبھی تغلق کا جھنڈا اڑا کر۔ اور آخری صدی دو صدی مغلوں کے نام سے۔ اس ملک میں مسلمان، اب سب سے زیادہ حقیر و ذلیل تھے۔ ہر سمت

سے اپٹے ہوئے، چاروں طرف سے مار کھائے ہوئے۔

اسلامی اخلاق، اسلامی آداب، اسلامی شعائر مدت ہوئے رخصت ہو چکے۔ وہ اگر زندہ ہوتے تو مغلوبیت کی یہ نوبت ہی کیوں آتی۔ ثروت وخوشحالی اول تو باقی ہی کہاں، جائیدادیں بار قرض سے دبی ہوئی، مکان اور زیور مہاجنوں ساہوکاروں کے یہاں رہن، اور پھر جو کچھ روپیہ پیسہ رہا بھی وہ ناچ رنگ، کھیل تماشا، ٹیم ٹام کی نذر۔ نہ تعلیم و تربیت نہ اتحاد و تنظیم، نہ ہمت وخودداری، نہ جوش توحید و ولولہ دینی، نہ قناعت و ایثار، عقیدے مشرکانہ، اخلاق جاہلانہ، عادتیں مسرفانہ، آپس میں حسد و بغض، ایک کی تاک میں ایک لگا ہوا۔ عجمیت اور ہندیت کے حملے تو سینکڑوں سال سے جاری تھے، اب آخری زبردست ٹکر فرنگیت سے ہوئی اور اس نے کہنا چاہیے کہ پرانے عربی جہاز کو پاش پاش ہی کر دیا۔

ادھر مغرب کی اس زیرک و زمانہ شناس اور اقبال مندی کے لحاظ سے پر شباب قوم انگریز نے تیر و تبر، توپ و تفنگ سے کہیں زیادہ بے پناہ حربہ پروپیگنڈا کا استعمال شروع کر دیا، اور اپنے ایجنٹوں، گماشتوں، کارندوں کو اسکول اور کالج کی ادی قالب میں بنا کھڑا کیا، نتیجہ یہ ہوا کہ ہر دل پر برطانیہ کی عظمت کا نقش، ہر زبان پر اقبال سرکار کا کلمہ، داد خواہی کے لئے گھر سے نکلئے تو قانون انگریزی، عدالتیں انگریزی، لڑکوں کو پڑھنے بٹھایئے تو اسکول انگریزی، کالج انگریزی، کتابیں انگریزی، زبان انگریزی، سفر کے لئے باہر نکلئے تو سڑکیں انگریزی، سواری (ریل) انگریزی، ٹکٹ انگریزی، سفر کی منزلیں (اسٹیشن) انگریزی، دکھ درد میں مبتلا ہو جایئے، تو علاج کے لئے دوائیں انگریزی، تشخیص انگریزی، شفا خانے انگریزی، مرہم پٹی انگریزی، خط

بھیجئے، پارسل لگایئے تو ڈاک انگریزی، ڈاک خانہ انگریزی، روپیہ جمع کرنے، بہی کھاتہ کھولنے کا شوق ہو تو بینک انگریزی، سیونگ بینکس انگریزی، مشترکہ سرمایہ کی کمپنیاں انگریزی، قصہ کہانی کے لئے جی لہرائے تو افسانے انگریزی، ناول اور ڈرامے انگریزی، ورزشی کھیلوں کے لئے دل للچائے تو کھیل انگریزی، فٹ بال اور کرکٹ اور ٹینس اور انٹا ۳۰ شام کو سیر و تفریح کے لئے قدم اٹھایئے تو سامان تفریح انگریزی، پارک میں، لان میں کلب میں، ہوٹل اور ریسٹراں میں، رات کو رنگ رلیاں منانے کو جی چاہے تو تماشے انگریزی، تھیٹر، کنسرٹ، آپیرا، ماضی کو جاننا چاہئے تو تاریخیں انگریزی۔ حال سے باخبر رہئے تو اخبارات انگریزی، تار برقیاں انگریزی، پیشہ انگریزی، بیرسٹری، وکالت، ڈاکٹری، انجینئری عہدے انگریزی، علوم انگریزی، فنون انگریزی، صنائع انگریزی خلاصہ یہ کہ گویا زمین انگریزی آسمان انگریزی۔

اپنی اس پستی اور "صاحب" کی اس بلند پروازی، اپنی خاک نشینی اور صاحب کی فلک پیمائی دیکھ، حواس بجا کس کے رہ سکتے تھے؟ خصوصاً جبکہ اپنے دل کا سرمایہ پہلے ہی لٹ چکا ہو، ہوش گم، نگاہیں خیرہ، عقل دنگ، مرعوبیت غالب، دماغ مفلوج، ڈوبتے کو گھاس کے تنکے کا سہارا کافی نظر آیا۔ اندھیرے میں اپنے سایہ پر بھوت کا گمان گذرا۔ التباس حواس میں دیو پر پری کا حسن و جمال معلوم ہوا۔ دیر میں حرم کا تقدس دکھائی دینے لگا۔ اچھے اچھے ہوش مند اور مخلص سید احمد خان اور ان کے سارے رفیق یک زبان ہو کر پکار اٹھے کہ چلو تم ادھر کو ہوا ہو جدھر کی۔ بھائیو بجز مذہب کے ہر چیز میں انگریز بن جاؤ، فلاح اور زندگی کا سہارا بس اس میں ہے۔ حالی

بڑے خشوع و خضوع سے مسدس اسلام کھول کر بیٹھے لیکن مناجات کا خلاصہ بس یہی کہ اے پاک پروردگار ہم کو انگریزوں سا بنا دے، شبلی نے بڑے ٹھاٹھ سے ناموران اسلام کا دربار سجایا۔ لب لباب اس کا بھی یہی کہ ہمارے اکابر سلف بھی دانایان فرنگ سے کتنا قریب تھے اور نذیر احمد، ذکاء اللہ، محسن الملک، چراغ علی بے چاروں کا تو ذکر ہی نہیں۔

اب قوم تھی اور اس کے سر پر جادوئے فرنگ۔ ہر طرف سحر سامری کا دور دورہ، ہر سمت سے دجالی تہذیب کا حملہ۔ معیار کمال یہ ٹھہرا کہ انگریزی بولنا آ جائے۔ لب ولہجہ "صاحب" کا سا ہو جائے۔ ڈگریاں اور امتحانات سرکاری نصیب میں آ جائیں۔ اپنی زبان بگاڑ کر بولی جائے۔ اپنی زبان اپنے علوم، اپنے ہاں کے کھانے پینے، اپنے طرز کے پہننے اور رہنے، اپنی ساری معاشرت، اپنے خاندان، اپنی برادری، یہاں تک کہ اپنے ماں باپ سے بھی شرم آنے لگے۔ اپنے ہاں کی ایک ایک چیز میں ذلت و حقارت نظر آنے لگے۔ معزز صرف "صاحب" اور "میم صاحب" ٹھہر جائیں۔

اپنے ہاں کی شرم وحیا، حجاب و نقاب اس لئے قابل نفرت کہ میم صاحب کے کھلے بندوں سب کچھ دیکھتی دکھاتی پھرتی ہیں۔ جن و ملائک کا شمار اس لئے اوہام میں کہ مل اور اسپنسر ان کے قائل نہیں۔ عرش کا وجود اس لئے باطل کہ جغرافیہ کی کتابوں میں اس کا ذکر نہیں۔ وحی، نبوت، توحید کے بنیادی مسائل اس لئے فرسودہ و متروک کہ پادری صاحب اپنی گڑھی ہوئی مشرکانہ مسیحیت میں ان پر دلائل عقلی نہ قائم کر سکے۔ ڈاڑھی منڈانا اس لئے واجب کہ صاحب منڈاتے ہیں۔ سود جیسی

حرام کمائی اس لئے جائز کہ صاحب کے دیس میں شہر شہر بینک کھلے ہوئے ہیں۔ "سرا" ذلیل، "ہوٹل" معزز، مختار کارندہ، حقیر "ایجنٹ" قابل عزت۔ "حکیم "غریب کسمپرسی میں پڑے ہوئے "ڈاکٹر" ہاتھوں ہاتھ لئے جارہے ہیں۔

غرض فرش سے لے کر عرش تک ذرہ سے لے کر آفتاب تک، علم و عمل، معاشرت اخلاق، عقائد کے دائرہ میں کوئی شے ایسی نہ تھی جو "صاحب" کے نام کا کلمہ پڑھ رہی ہو، ساری فضا اسی مرعوبیت سے معمور "دانش فرنگ "حکمت مغرب، "عقلائے فرنگ"، "اقبال سرکار" دانایان مغرب وغیرہ خدا جانے کتنے فقرے اور ترکیبیں اس دور مرعوبیت کی یادگار، علوم متعارفہ کی طرح بے تکلف زبانوں پر چڑھ گئے، اور ادب کا گویا جز بن گئے۔ "فرنگی" کا لفظ اس سے قبل ذم و ہجو کا پہلو لئے ہوئے تھا۔ اس دور میں "فرنگ" محل مدح و عظمت میں استعمال ہونے لگا۔ دنیا کی تاریخ میں یہ واقعہ انوکھا نہیں۔ زبردست جب کمزوروں پر غلبہ پا جاتے ہیں تو بس یہی ہونے لگتا ہے۔ ہر چیز انہیں کی عینک سے یہ خود بھی دیکھنے لگتے ہیں۔ اور اب نہ اپنی عقل باقی رہ جاتی ہے نہ اپنی نظر۔ اور تاریخ والوں کا بیان ہے کہ قوموں کی قسمت میں یہ دستور ازل سے لکھا چلا آرہا ہے۔

وفا جفا کی طلبگار ہوتی آئی ہے

ازل کے دن سے یہ اسے ہوتی آئی ہے

تو یہ تھی وہ فضا جس میں اکبر نے اپنی آنکھیں کھولیں۔ یہ تھا وہ ماحول جس میں انہیں اپنا پیام پہچانا تھا۔ رسمی شاعر نہ تھے، ہوتے تو کوئی ایسی بات نہ تھی۔ جس طرح اور ان کے ہم عصر اچھے اچھے خوش فکر، زینت مشاعرہ ہو رہے تھے۔ یہ بھی

آراستہ پیراستہ طرحی غزلیں کہتے رہتے، یا بے طرح بھی قافیہ پیمائی میں لگے رہتے۔ لیکن مشکل یہ تھی کہ صاحب نظر تھے، ایک خاص دل و دماغ رکھتے تھے۔ ایک خاص مقصد حیات لے کر آئے تھے، ایک مخصوص پیام کی تبلیغ کا بار ان کے شانہ پر تھا۔ یوں کہئے کہ فطرت کی جانب سے ایک "رسول" ہو کر آئے تھے۔ "صاحب کتاب" حقیقی رسولوں کے جانشیں اور ادنیٰ خادم۔ دل کڑھا، دماغ متاثر ہوا، آنکھوں نے بہت کچھ دیکھ لیا، جو دوسروں کی نظر سے اوجھل تھا۔ ان کا پیام اسی تحریک مغربیت کے خلاف رد عمل تھا۔ ان کی شاعری اول سے آخر تک اس مادیت و فرنگیت کا جواب ہے۔ ان کے ترکش کا ایک ایک تیر اس نشانہ پر آکر لگتا ہے۔ ان کے فلسفہ، ان کی ظرافت، ان کی سیاسیات کے دائرہ کی معمولی سی بھی پیمائش ممکن نہیں، تاوقتیکہ نظر اس مرکزی نقطہ پر نہ جمالی جائے۔

یہ رنگ موجود شروع ہی سے تھا، سن و تجربے میں پختگی کے ساتھ نکھرتا گیا، یہاں تک کہ آخر میں ہر ساز سے یہی نغمہ پیدا ہونے لگا۔ عورتوں کی بے پردگی سے متعلق ان کا مشہور وضرب المثل قطعہ ان کے آخر زمانہ کا نہیں، شروع ہی کا ہے اور کلیات سوم میں نہیں، کلیات اول میں درج ہے۔

کل بے حجاب آئیں نظر چند بیویاں
اکبر زمیں میں غیرت قومی سے گڑ گیا
پوچھا جو ان سے آپ کا پردہ وہ کیا ہوا
کہنے لگیں کہ عقل پہ مردوں کے پڑ گیا

"عقل پر پردہ پڑ جانا" اس محاورہ کا تصرف اس خوبی سے، اس سے قبل کبھی

کیوں ہوا ہو گا۔

قوم کی انتشاری و اضطرابی حالت خود اپنی ہی شامت اعمال کا نتیجہ ہے، اس کا نقشہ بھی ان کے قلم کا کھینچا ہوا بہت مدت کا ہے۔

مذہب کو لیا تو بحث میں سر ٹوٹا
چاہی اصلاح تو خدا ہی چھوٹا
شکوہ ہم غیر کا کریں کیا اکبر
اپنوں ہی نے ہم کو ہر طرح سے لوٹا

کلیات سوم میں اصلاح معاشرت ہے، تزکیہ اخلاق ہے، شعائر اسلامی کا احیا ہے، تہذیب اسلامی کی تجدید ہے اور یہ وعظ سطر سطر میں موجود ہے لیکن ہاں حالی کی طرح خشک واعظ نہیں۔ وہ پہلے شاعر ہیں پھر کچھ اور۔ پہلے ظریف ہیں، پھر مصلح، پہلے نقاش فطرت ہیں پھر معلم اخلاق۔ ان کی مجلس میں شراب کے گلاس گردش میں رہتے ہیں، خوش رنگ، خوش مزہ، یخنی کے پیالے تقسیم نہیں ہوتے۔
۱۳۱اور یہ اس رند پاکباز کی کرامت ہے کہ حلق سے اترتے ہی وہ شراب، خانہ خراب نہیں رہ جاتی، شراب طہور ثابت ہوتی ہے۔ لافیہا غول ولا ہم عنہا ینزفون۔

اکبر سے قبل بنگال کا ایک نامور فرزند بنکم چندر چٹرجی بھی یہی مشن لے کر پیدا ہوا تھا۔ تہذیب جدید کے خطرات کا اس نے پوری طرح اندازہ کر لیا تھا، اور بنگالی زبان میں اپنے ناولوں اور افسانوں کے ذریعہ سے اس سیلاب کے روکنے کی اپنے امکان بھر کوشش کی تھی۔ اردو میں بھی اس کا ایک آدھ ترجمہ درگیش نندنی وغیرہ کے نام سے آچکا ہے۔ بنکم نے اپنا حربہ نثر کی شمشیر عریاں کو رکھا تھا۔ اکبر

نے اس کے بجائے نظم کے نشتر کو اختیار کیا۔ بنکم کی تلوار کا کاٹ سب نے دیکھا، اکبر کا نشتر عموماً زیر آستیں رہا۔

جدید تہذیب و تمدن کا ایک بہت بڑا مظہر آزادئ نسواں ہے۔ اس شاندار لفظ کے عقب میں حقیقت عریاں، بے پردگی، بے حجابی، و بے عصمتی کی ہے۔ اکبر کے ترکش کے اکثر تیروں کا ہدف یہی ہے۔ اس تہذیب کا ایک نمایاں کرشمہ یہ ہے کہ جہاں بیوی سے شرم وحیار خصت ہو چکتی ہے، وہاں شوہر سے بھی حمیت و غیرت سلب ہو جاتی ہے۔ اکبر کے نگار خانے میں یہ مرقع ایک ممتاز مقام پر آویزاں ملے گا۔

خدا کے فضل سے بیوی میاں دونوں مہذب ہیں
حجاب ان کو نہیں آتا، انہیں غصہ نہیں آتا

یورپ کی عدالتوں میں مقدمات طلاق جس افراط سے دائر ہوتے رہتے ہیں، اور شہادتوں میں جیسے جیسے حیاسوز واقعات کا انکشاف ہوتا رہتا ہے وہ وہاں کی زندگی کا جزو بن چکے ہیں اور "صاحب" کے قدموں کے طفیل ہندوستان بھی ان برکتوں سے مستفید ہو چلا ہے۔ اب یہاں بھی ایسے واقعات الشاذ کالمعدوم کے حکم میں نہیں رہے ہیں۔ لیکن یہاں ابھی احساس حمیت وغیرہ بہر حال کچھ نہ کچھ زندہ ہے، اس لئے واقعہ ہو چکنے کے بعد حسرتیں بھی ہوتی رہتی ہیں، اور ندامتیں بھی۔ یہ کیفیت اکبر کی زبان سے سنئے۔

کیا گزری جو اک پردہ کے عدو روروکے پولس سے کہتے تھے
عزت بھی گئی، دولت بھی گئی، بیوی بھی گئی، زیور بھی گیا

اس غزل کے چند اور شعر بھی ہیں، درد و عبرت کے رنگ میں ڈوبے ہوئے۔ بہت بے محل نہ ہوگا اگر انہیں بھی اسی سلسلہ میں سن لیا جائے۔

اکبر نہ تھمابت خانہ میں، زحمت بھی ہوئی اور زر بھی گیا
کچھ نام خدا سے انس بھی تھا، کچھ ظلم بتاں سے ڈر بھی گیا
پروانہ کا حال اس محفل میں ہے قابل رشک اے اہل نظر
اک شب ہی میں یہ پیدا بھی ہوا، عاشق بھی ہوا، اور مر بھی گیا
کعبہ سے جو بت نکلے بھی تو کیا، کعبہ ہی گیا جب دل سے نکل
افسوس کہ بت بھی ہم سے چھٹے اور چھوٹ خدا کا گھر بھی گیا
جو گونج رہا تھا خوشیوں سے اس فقرہ پہ کل میں رویا بہت
کوئی متنفس تھا نہ وہاں، اندر بھی پھرا، باہر بھی گیا

آخری شعر میں شاعر جگ بیتی سے زیادہ آپ بیتی بیان کر رہا ہے۔ اکبر دنیوی حیثیت سے بھی ایک خاصے بڑے آدمی تھے۔ وطن الہ آباد میں عشرت منزل کے نام سے کوٹھی بنوائی (اپنے صاحبزادہ کے نام پر) ایک زمانہ میں وہ واقعی عشرت منزل ہی تھا۔ دعوتیں، جلسے، اسپیچیں، شعر و سخن، چہل پہل، فرنیچر اور سامان آرائش وغیرہ۔ آخر زمانہ میں حالت اس کے ٹھیک برعکس۔ پہلے محبوب بیوی نے داغ مفارقت دیا، پھر نوجوان محبوب بیٹا رخصت ہوا، جج صاحب کی پنشن ہوئی، آنکھیں خراب ہوئیں، صحت نے جواب دیا۔ بڑے صاحبزادے پردیس میں ملازم، مکان سنسان، پائیں باغ ویران، سامان آرائش و نمائش غائب، ہر طرف سناٹا چھایا ہوا، ہو حق کا عالم، ایک حضرت اکبر خود ایک مرد ملازم، ایک بوڑھی ماما، بس کل

اتنی آبادی۔

خیر یہ ایک جملہ المعترضہ آگیا تھا۔ پھر پہلے شعر میں کیا گزری جو اس کو دہرا کر آگے چلئے۔

ایک جگہ بے پردگی اور تعلیم نسواں کو لازم و ملزوم بتاتے ہیں اور دو مختلف مفہوموں (پردہ اٹھنے اور تعلیم کے لئے اٹھنے) کے لئے لفظ اٹھنے کے اشتراک سے کیا خوب شاعرانہ استدلال کا کام لیتے ہیں۔

مجلس نسواں میں دیکھو عزت تعلیم کو
پردہ اٹھا چاہتا ہے علم کی تعظیم کو

تخیل تو شاعرانہ لیکن اس واقعیت کو بھی اپنے دامن میں سمیٹے ہوئے کہ پردہ شکنی کی حمایت میں ہے بھی تو بڑی دلیل یہی کہ پردہ کی چار دیواری کے اندر رہ کر علم کی تازہ ہوا نصیب ہونا ممکن کہاں؟ اور "علم و تعلیم" کے جو معنی اس گروہ کے ذہن میں ہیں، ان کے لحاظ سے یہ قول ہے بھی بالکل بجا۔

ہمارے ہاں بہترین عورت کا تخیل یہ تھا کہ شروع سے دبی لچی رہے۔ خانہ داری کے طور طریقے سیکھے، کہ آگے چل کر اسے گھر کی ملکہ بننا ہے۔ بچپن میں والدین کی اطاعت، اور شادی کے بعد شوہر کی رضا مندی کو پروانہ جنت خیال کرے۔ خانگی شیرازہ اس کی ذات سے بندھا ہوا رہے، خاندان کی مسرتیں اس کے دم سے قائم رہیں۔ صحیح معنی میں "اہل خانہ" ثابت ہو۔ اولاد کو تربیت کے بہترین راستہ پر ڈال سکے۔ شوہر کی عزت و محبت، بڑوں کی تعظیم و خدمتگاری اور چھوٹوں کے الفت و شفقت کے جذبات لے کر دنیا میں آنکھ کھولے اور انہیں جذبات کے ساتھ

دنیا سے رخصت ہو۔

فرنگیوں کے یہاں عورت کی عزت کا معیار ہی کچھ دوسرا ہے۔ ان کے نزدیک عورت کا یہ مشرقی تخیل عورت کے لئے باعث توہین ہے، موجب تحقیر ہے۔ ان کی فرہنگ میں ادب و تعظیم، اطاعت و خدمت گذاری مرادف ہیں محکومی کے، غلامی کے۔ ان کا قول کہ عورت اپنے کو چھپانے کے لئے نہیں دکھانے کے لئے آئی ہے۔ اس کا کام یہ نہیں ہے کہ دیکھئے گھر ہی کے اندر، شوہر کے یا ساس نند کے پہلو سے لگی بیٹھی ہے۔ وہ عورت ہی کیا جس کے حسن گفتار، حسن رفتار، حسن صورت، زیب و زینت، خوش لباسی، گلے بازی، رقاصی کے چرچے "سوسائٹی" میں عام نہ ہوں؟ اخبارات میں اس کے فوٹو شائع ہوں، اس کا نام زبانوں پر لذت کے ساتھ آئے۔ اس کا جلوہ آنکھوں میں چمک پیدا کر دے، اور اس کا تصور دلوں میں شوق۔ بہترین عورت وہ نہیں جو بہترین بیوی ہو یا بہتر ماں، بلکہ وہ ہے جس کی ذات، دوست احباب کی خوش وقتیوں کا دلچسپ ترین ذریعہ ہو، اور ایسی ہو کہ اس کی رعنائی و دلربائی کے نقش ثبت ہوں، کلب کے در و دیوار پر، پارک کے سبزہ زار پر، ہوٹل کے کوچ اور صوفے پر۔

"ہمارے" اور "ان کے" تخیل کے اس بعد المشرقین کو اقلیم لفظ و معنی کا یہ تاجدار دو لفظوں میں جس جامعیت اور جس بلاغت کے ساتھ بیان کر جاتا ہے، یہ اس کا حصہ ہے۔

حامدہ چمکی نہ تھی، انگلش سے جب بیگانہ تھی
اب ہے شمع انجمن پہلے چراغ خانہ تھی

"چمکی" میں وہ بے پناہ بلاغت ہے کہ سننے والا لوٹ لوٹ جائے۔ یہ "چمک" مخصوص ہے "نئی روشنی" کی چمنیوں کے ساتھ۔ پرانے فانوسوں میں، ڈیوٹ والے چراغوں میں چمک دمک بھلا کہاں، شرم وحیا سے آزادی، دنیا کی دلستانی کے لئے ناز و انداز، قابلیت کے جوہر کی جلا، یہ سب کچھ اس ننھے سے لفظ "چمکی" سے ظاہر و آشکار، اور یہ "شمع انجمن" اور "چراغ خانہ" کی مثال کس قدر روشن، کیسی ضیابار۔۔۔ ۔! تشبیہ کی تشبیہ اور پھبتی کی پھبتی! شعر کیا ہے بیسوی صدیں کی "کالج گرل" کی قد آدم تصویر۔

حسن وناز کی دنیا میں قابل داد اب تک کم سخنی، کم گوئی وبے زبانی تھی، مشرقی شوہر "چاند سی دلہن" بیاہ کر اس لئے لاتا تھا کہ وہ اسے اپنے اندھیرے گھر کا چراغ بنائے اور تخیل "خانہ آبادی" کا غالب رہتا۔ اب جو جاکر دیکھتے ہیں تو محفل کے طور ہی کچھ اور ہیں، نقشہ ہی بدلا ہوا، ٹھٹھ بزم آرائی کے جمے ہوئے حجاب کی جگہ بے حجابی، سکوت کی جگہ طوفان تکلم، مستوری کی جگہ نمائش، عاشق بے چارہ اس کایا پلٹ پر دنگ حیران، گم صم، کل تک جو نقش تصویر تھا، وہ آج گراموفون نظر آرہا ہے۔

خامشی کا نہ تعلق ہے نہ تمکین کا ذوق
اب حسینوں میں بھی پاتا ہوں میں اسپیچ کا شوق
شان سابق سے یہ مایوس ہوئے جاتے ہیں
بت جو تھے دیر میں، ناقوس ہوئے جاتے ہیں

چوتھا مصرعہ اپنی لطافت کے، بلاغت کے، جامعیت کے لحاظ سے اپنا جواب بس

آپ، تیسرا مصرعہ اس پہلو کی جانب رہنمائی کر رہا ہے کہ جو کچھ ہوا ہے قدرتی نتیجہ ہے تغیر ماحول کا۔ جن فضا میں آسائش کی جگہ آرائش نے لے لی، راحت پر لذت مقدم ہو گئی۔ مردوں کا مطمح نظر بجائے تسکین قلب کے ہیجان نفس قرار پا گیا، تو قدرتاً عورت نے بھی اپنی محبوبیت کے انداز بدل دیئے، مردوں کے دل میں جگہ پانے کے طریقے بھی اب دوسرے ہو گئے۔

اکبر کے اس مرقع کا ایک اور منظر،

اعزاز بڑھ گیا ہے، آرام گھٹ گیا ہے
خدمت میں ہے وہ لیزی ۳۲اور ناچنے کو ریڈی ۳۳
تعلیم کی خرابی سے ہو گئی بالآخر
شوہر پرست بیوی، پبلک پسند لیڈی

"شوہر پرست بیوی" اور "پبلک پسند لیڈی" ان دو لفظوں کے کوزہ میں کیسا مشرق و مغرب کا سمندر سمو دیا ہے، مشرق کا منتہائے نظر تو خدمت کا تھا، زچہ خانہ اور باورچی خانہ کا۔ اور مغرب کے ہاں ناچ کا ہے، بال روم اور کنسرٹ کا۔ اور عورت غریب بھی کرے کیا، نظام تعلیم بھی اس ڈھنگ کا ہے۔ شروع سے سکھایا یہی جاتا، دل میں بٹھایا یہی جاتا ہے۔

آج یورپ و امریکہ کے بڑے بڑے ماہرین نفسیات (سائیکالوجی) حیاتیات بشری (ہیومن بیالوجی) کہہ رہے ہیں اور لکھ رہے ہیں کہ دونوں صنفوں کے درمیان کشش جنسی بالکل طبعی ہے۔ دونوں جب باہم ملیں گے اور کوئی امر مانع موجود ہو گا نہیں، تو آگ کا دفعتاً بھڑک اٹھنا اس بجلی کا اک بارگی رگڑ سے پیدا ہو جانا

بالکل قدرتی ہے۔ شریعت اسلامی نے اس گہری اور بنیادی حقیقت کے پیش نظر، بد کاری کے نفس عمل کو ہی حرام نہیں قرار دیا بلکہ اس منزل تک پہنچنے کی جتنی راہیں ہیں، ان پر بھی پہرے بٹھا دیئے۔ گویا دشمن کی پوری "ناکہ بندی" کر دی۔ بانس ہی نہ ملے گا تو بانسری کہاں بجے گی۔ بیگانہ عورت و مرد کو اختلاط کے جب موقع ہی نہ ملیں گے تو پینگ بڑھنے ہی کہاں پائیں گے۔

بالکل بچپن کو چھوڑ کر، باقی آگے بڑھ کر مشترک پڑھنا لکھنا حرام، مشترک کھیل کود حرام، بلا ضرورت یکجائی ناجائز، تانک جھانک حرام، تاکہ سوسائٹی میں مفاسد کا زہر سرے سے پھیلنے ہی نہ پائے۔ معاشرت ہمیشہ بے داغ رہے۔ تعلیم جدید نے، تہذیب جدید نے، ان میں سے ایک ایک بند کو توڑا، نتیجہ وہی نکلا جو نکلنا تھا، آزادیاں بڑھیں، بے حیائیاں آئیں، بے حجابیاں دلیل ترقی بنیں۔ جو باتیں کل تک ان ہونی تھیں آج ہو کر گزر رہی ہیں، بھولے بھالے لوگوں نے کہا کہ محافظ عصمت یہ تعلیم ہو گی نہ۔ سبحان اللہ! زنگی کا نام اگر کافور رکھ دیا گیا تو گویا چہرہ کی سیاہی بھی دور ہو جائے گی۔ توقع لٹیروں سے پہرہ داروں کے کام کی، کی جانے لگی۔ اب تو مثالیں کوئی کہاں تک گنا سکتا ہے لیکن اکبر کے زمانے میں بھی فرانس کی میڈیم ڈی اسٹیل ۳۴ اور انگلستان کی جارج ایلیٹ ۳۵ کی سی ہستیاں خاص خاص نہیں تھیں۔

اکبر کے توسط سے ایک مختصر سا مکالمہ، ایک صاحب اور صاحبہ کے درمیان سنیئے۔

میں بھی گریجویٹ ہوں تو بھی گریجویٹ
علمی مباحثے ہوں ذرا پاس آ کے لیٹ

دونوں نے پاس کرلئے ہیں سخت امتحاں
ممکن نہیں کہ اب ہو کوئی ہم سے بدگماں
بولی یہ سچ ہے، علم بڑھا اور جہل گھٹ گیا
لیکن یہ کیا خبر ہے کہ شیطان ہٹ گیا

یہ سب سچ لیکن پھر بھی یہ کہتے اور سوچتے ہیں کہ حیاو حجاب کے قیود و احکام تو مسلمان عورت کے لئے ہیں۔ جب دین ہی سرے سے غائب ہو گیا تو اب اس اخلاقی جکڑ بند سے آخر حاصل کیا؟ پردہ تو بقا، ناموس کے لئے ہے جب ناموس ہی نہیں تو اس کی بقا کیسی؟ کھانا پینا زندہ جسم کی ضرورت کے لئے ہے لیکن جب زندگی ہی رخصت ہو چکی تو مردہ کو کوئی نہیں کھلاتا پلاتا، صندوق میں قفل اس وقت تک پڑے رہتے ہیں، جب تک اس میں قیمتی مال محفوظ ہے لیکن جب خالی ہو گیا تو اب اس کی حفاظت خود ایک دردسر ہے، پھولوں کی قدر جب ہی تک ہے جب تک وہ تازہ و شاداب ہیں۔ باسی سوکھے مرجھائے پھولوں کو گلے کا ہار بنانا کوئی کیوں پسند کرنے لگا۔ فرماتے ہیں،

نئی تہذیب کی عورت میں کہاں دین کی قید
بے حجابی جو ہو اس میں تو قباحت کیا ہے
نور اسلام نے سمجھا تھا مناسب پردہ
شمع خاموش کو فانوس کی حاجت کیا ہے

چوتھے مصرعہ کی تشبیہ اکبر ہی کا حصہ تھا۔

خاتون مشرق کو مغربی میم بنادینے کا اب تک نتیجہ کیا نکلا ہے؟ خود مردوں ہی

نے شکسپیئر و ملٹن کی ورق گردانی اور مل و اسپنسر پر دماغ سوزی کر کے اب تک دنیا بلکہ ہندوستان ہی کی محدود دنیا میں کون سے خاص امتیازات حاصل کر لئے ؟

شیخ صاحب ہی کا ہے بزم میں کیا رعب و وقار
کہ خواتین کو پبلک میں ہو وقعت کی امید

خیر یہاں ذکر مردوں کی نہیں عورتوں کی تعلیم کا ہے، مرد جس طرح پڑھ پڑھ کر، بڑھ بڑھ کر "صاحب" کے بیرے بنتے گئے، صاحبیت میں ضم ہوتے گئے، اپنوں کے ہاتھ سے نکلتے گئے۔ اسی طرح عورتیں بھی بڑھ بڑھ کر میم صاحبیت میں گم ہوتی گئیں۔ ہاتھ سے نکلتی گئیں۔ کلیات اول میں ان کا قدیم ترین کلام ہے۔ اس حقیقت کو اس دور میں ظرافت کی کشتی میں لگا کر پیش کرتے ہیں۔

ترقی کی تپیں ہم پر چڑھا کیں
گھٹا کی دولت اسپیچیں بڑھا کیں
رہیں ہر پھر کے آیابی نصیبن
وہ گو اسکول میں برسوں پڑھا کیں

کلیات سوم میں اس مرقع میں آب و رنگ ذرا اور زیادہ بھر دیتے ہیں۔

اک پیر نے تہذیب سے لڑکے کو سنوارا
اک پیر نے تعلیم سے لڑکی کو سنوارا
کچھ جوڑ تو ان میں کے ہوئے بال میں رقصاں
باقی جو تھے گھر ان کا تھا افلاس کا مارا
بیرا وہ بنا کمپ میں، یہ بن گئیں آیا

بی بی نہ رہیں جب تو میاں پن بھی سدھارا
دونوں جو کبھی ملتے ہیں، گاتے ہیں یہ مصرعہ
آغاز سے بدتر ہے سر انجام ہمارا

خیال نہ گذرے کہ اکبر سرے سے تعلیم نسواں کے مخالف تھے اور لڑکیوں کے بالکل ہی ناخواندہ رکھنے کے حامی۔ وہ تعلیم نسواں کے حامی و ہمدرد یقیناً تھے۔ لیکن تعلیم تعلیم میں بھی تو زمین و آسمان کا فرق ہے۔ وہ تائید میں اس تعلیم کے تھے جو قوم میں نمونہ رابعہ بصریہ کے نہ سہی، دور مغلیہ کی جہاں آرا بیگم کے پیدا کرے۔ نہ اس تعلیم کے جو زینت ہو ہر آپیرا ہاؤس کی، ہر پکچر پیلیس کی، اس تعلیم کو وہ رحمت نہیں خدائی قہر سمجھتے تھے، جس پر بنیادیں تعمیر ہوں، ہالی ووڈ ۳۶ کی۔ وہ آرزو مند تھے اس نظام تعلیم کے جو مہربان مائیں، وفا سرشت بیویاں اور اطاعت شعار لڑکیاں پیدا کرے، نہ اس کے جو تھیٹر میں ایکٹری اور برہنہ رقاصی کے کمالات کی جانب لے جائے ۳۷ وہ ملک میں حوریں پیدا کرنا چاہتے تھے کہ دنیا نمونہ جنت بن جائے۔ پریوں کے مشتاق نہ تھے کہ ملک کا ملک راجہ اندر کا اکھاڑہ ہو کر رہ جائے۔ ان کا قول تھا،

دو شوہر و اطفال کی خاطر اسے تعلیم
قوم کے واسطے تعلیم نہ دو عورت کو

مزید توضیح سنئے۔

تعلیم لڑکیوں کی ضروری تو ہے مگر
خاتون خانہ ہوں وہ سبھا کی پری نہ ہوں

ذی علم و متقی ہوں جو ہوں ان کے منتظم
استاد ایسے ہوں مگر استاد جی نہ ہوں

"استاد جی" آپ سمجھے، محاورہ لکھنؤ میں ارباب نشاط کے 'تعلیم' دینے والوں کو کہتے ہیں۔ خود لفظ "تعلیم" بھی لکھنؤ کی زبان میں اس خاص معنی میں مستعمل ہے۔ ایک طویل نظم میں اپنا پورا مسلک وضاحت کے ساتھ بیان کر دیا ہے (صفحہ ۶۰ تا ۱۶۲) چند شعروں سے اندازہ کیجئے۔

تعلیم عورتوں کو بھی لینی ضرور ہے
لڑکی جو بے پڑھی ہو تو بے شعور ہے
معاشرت میں سراسر فتور ہے
اور اس میں والدین کا بے شک قصور ہے
نہیں ضرور ہے کہ مناسب ہو تربیت
جس سے برادری میں بڑھے قدر و منزلت
آزادیاں مزاج میں آئیں نہ تمکنت
ہو وہ طریق جس میں ہو نیکی و مصلحت
ہر چند ہو علوم ضروری کی عالمہ
شوہر کی ہو مرید تو بچوں کی خادمہ
عصیاں سے محترز ہو، خدا سے ڈرا کرے
اور حسن عاقبت کی ہمیشہ دعا کرے

آگے حساب کتاب، نوشت و خواند، اصول حفظ صحت، کھانا پکانے، کپڑے

سینے وغیرہ کو درس نسوانی کا لازمی نصاب بتا کر آخر میں فرماتے ہیں،

داتا نے دھن دیا ہے تو دل سے غنی رہو
پڑھ لکھ کے اپنے گھر ہی میں دیوی بنی رہو
مشرق کی چال ڈھال کا معمول اور ہے
مغرب کے ناز و رقص کا اسکول اور ہے
دنیا میں لذتیں ہیں، نمائش ہے شان ہے
ان کی طلب میں حرص میں سارا جہان ہے
اکبر سے یہ سنو کہ جو اس کا بیان ہے
دنیا کی زندگی فقط اک امتحان ہے
حد سے جو بڑھ گیا تو ہے اس کا عمل خراب
آج اس کا خوش نام ہے، مگر ہو گا کل خراب

عجب دقیانوسی خیال کے تھے۔ آخر تک "آج" اور "کل" کے چکر میں پڑے رہے۔ "آج" تو خیر آج ہی ہے۔ یہ 'کل' آخر کیا بلا ہے؟ خواہ مخواہ ہر عیش کو منقص کر دینے والا۔ فرماتے جاتے، یہ سب کچھ تھے لیکن ساتھ ہی یہ بھی جانے ہوئے سمجھے ہوئے تھے کہ رفتار زمانہ کا رخ پھیرنا کسی انسان کے بس کی بات نہیں، انبیا تک کو یہ قدرت نہیں۔ مشیت تکوینی ہر صورت میں اپنا چکر اپنا دورہ پورا کر کے رہتی ہے۔ ہود و صالح کی نصیحت کسی نے سنی؟ یحیٰؑ و عیسیٰؑ پر کتنے ایمان لائے؟ یونسؑ و لوطؑ کی تصدیق کتنوں نے کی؟ بے چارے ہر دور میں طعنے ہی سنا کئے۔ شاعر ہونے، ساحر ہونے، مجنوں ہونے کے آج کی اصطلاح میں Visionery ہاں یہ اور بات

ہے کہ اس کے بعد ہی عذاب الٰہی کے زلزلہ نے ایک بیک دہر پکڑا ہو۔ اور مایہ ناز نظام تہذیب و تمدن کی بنیادیں تک ہلا کر رکھ دی ہوں۔ زار روس کی جباریت و شہنشاہیت مطلقہ کا چشم زدن میں مٹ کر رہنا، اس غیبی گرفت کی تازہ چشم دید مثال ہے۔ اور پھر اس سے بھی بڑھ چڑھ کر یورپ کی پہلی مہا بھارت اور یہ دوسری مہا بھارت۔

(ان سطروں کی تحریر کے وقت تک ناتمام)

حضرت اکبرؒ بھی اپنے مشن کی کامیابی سے مایوس تھے اور بارہا اس کا اظہار فرمایا۔ کلیات دوم میں ایک قطعہ میں آزادیٔ نسواں کے مستقبل کا مرقع کھینچتے ہیں۔ حسب معمول دلکش فرماتے ہیں کہ ضبط نفس اور تقویٰ و ایمان رکھنے والے تو گذر گئے۔ اب دور دورہ ہے "صاحب" کے قائم کئے ہوئے کالج کے نوجوانوں کا،

اٹھ گئے وہ جنہیں مقدور تھا خودداری کا

نہ وہ تقویٰ نہ وہ تعلیم، نہ وہ دل کی امید

ولولہ لے کے نکلنے لگے کالج سے جواں

شرم مشرق کے عدو، شیوۂ مغرب کے شہید

کرکٹ فیلڈ ان کی مسجد، تھیٹر ان کی عید گاہ۔ اس تمدن کے لازمی نتیجہ کے طور پر

بحث میں آہی گیا فلسفہ شرم و حجاب

دور گردوں کہ کہاں تک کوئی کرتا تردید

عورتوں کو "حقوق" سیاسی حقوق مل گئے۔ "مطالبات" منظور ہو گئے۔ کام وہ

مردوں کے دوش بدوش کرنے لگیں،

زہرہ ممبر ہوئیں، ووٹر تھیں جناب خورشید۔

کچھ پرانے بڈھے ٹھڈے زندہ تھے، دوڑے ہوئے سہمے ہوئے، بولے گل کھلانے کے لئے صاحبزادے کچھ کم تھے، جواب صاحبزادیوں کو بھی اس میدان میں لایا جارہا ہے۔

شیخ صاحب ہی کا ہے بزم میں کیا رعب و وقار

کہ خواتین کو پبلک میں ہو وقعت کی امید

روشن خیال دنیا کی لعنتوں، متمدن دنیا کی ملامتوں کی بجلیاں، ان دقیانوسیوں پر ٹوٹ ٹوٹ کر گریں،

نعرے تحقیر کے اس پر ہوئے یاروں میں بلند

اور تو اور گھر گھرانوں کی کنواریاں، المومنات الغافلات نہیں، شوخ و بیباک کھیلی کھائی ہوئی،

لڑکیاں بول اٹھیں خود یہ طریق تائید

دولہا بھائی کی یہ ہے رائے نہایت عمدہ

ساتھ تعلیم کے تفریح کی حاجت ہے شدید

اور شعر تو یہ ہوا ہے، بیت الغزل، سارے قطعہ کی جان۔

خود تو گٹ پٹ کے لئے جان دیے دیتے ہو

ہم پہ تاکید کہ پڑھ بیٹھ کے قرآن مجید

شیخ بیچارہ اس حملہ کی تاب کہاں سے لاتا، بھاگ کر حجرہ میں پناہ لی، کنڈی اندر

سے چڑھالی،

اکبر افسردہ شد از گرمی ایں طرز سخن
شیخ مگریخت و در صومعہ خویش خزید

تجدید کی جے، تالیوں کی گونج میں پکاری گئی، اور آدم کے بیٹوں اور حوا کی بیٹیوں دونوں نے مل کر حصول آزادی کی مبارک باد گائی،

کھل گیا در، نہ رہا شاہد مشرق کو حجاب
غل مچا ہرے کا، بول اٹھے یہ مغرب کے مرید
للہ الحمد ہر آن چیز کہ خاطر می خواست
آخر آمد ز پس پردہ تقدیر پدید

ایک پرانی غزل میں بھی مضمون اس آزادی نسواں کا آگیا ہے۔

بٹھائی جائیں گی پردے میں بیبیاں کب تک
بنے رہو گے تم اس ملک میں میاں کب تک
جو منہ دکھائی کی ہے رسم پر مصر ابلیس
تو منہ چھپائیں گی حوا کی بیٹیاں کب تک

مقطع میں انجام کی پیشین گوئی ہے۔

سنا ہے حضرت اکبر ہیں حامی پردہ
مگر وہ کب تک اور ان کی رباعیاں کب تک

اسلامی نظام تہذیب کے جوہر لطیف یہی عصمت و عفت، شرم و حیا کے جذبات ہیں، اور فرنگیت کی زد بھی سب سے پہلے اخلاق کے انہیں ستونوں پر پڑتی

ہے، اس لئے قدرۃً اکبر نے بھی طبع آزمائی اس موضوع پر بہت زائد کی ہے لیکن اس کے علاوہ بھی مغربیت و فرنگیت کے جو نمایاں مظاہر ہیں انہوں نے تقریباً ان سبھی پر کم و بیش توجہ کی ہے۔ عبرت پذیری ان کے قلب کا اور عبرت آموزی ان کے قلم کا جوہر ہے۔ اس ایک قوت کے سہارے ہر تختہ زمین میں نئے نئے شگوفے کھلاتے ہیں۔ اور ہر ریگستان کو لالہ زار بنائے چلے جاتے ہیں۔ کمیٹی سازی اور جلسہ بازی کے مشغلوں میں پڑ کر دین کی طلب اور روح کے تعلق کے ضعف کا عکس ذرا اکبر کے جام جم میں ملاحظہ ہو،

جن پر ہر گام پہ اک دام بلا ہے در پیش
نفس کو تو انہیں باتوں میں مزا آتا ہے
اس کمیٹی میں نہیں روح کی لذت کا خیال
ممبر اٹھ جاتے ہیں جب ذکر خدا آتا ہے

خالص دوستی، بے غرضانہ محبت کے لفظ سیاسیات حال کے لغت میں بے معنی ہیں، ہندو اگر اتحاد کا ہاتھ مسلمانوں کی طرف بڑھا رہا ہے تو صرف اس لئے کہ دونوں مل کر انگریز سے مقابلہ کریں۔ انگلستان اگر روس سے لگاوٹ کر رہا ہے تو محض اس غرض سے کہ جرمنی سے لڑنے کے لئے ایک زبردست حلیف ہاتھ آجائے۔ خود مطلبی کا نام مہذبوں کی اصطلاح میں ڈپلومیسی ہے۔ دل سے نہ یہ ان کا شریک، نہ وہ ان کا۔ دلوں میں زہر کے انگارے بھرے ہوئے، لبوں پر میٹھے بول۔ اسلام کے شاعر کو عبرت کا یہ منظر دیکھ، اپنے ہاں کا بھولا اور بھلایا ہوا سبق الحب للہ والبغض للہ کا یاد آجاتا ہے اور اس کے منہ سے یہ نالہ موزوں نکلتا ہے،

اب تو یاری کا اسی پر رہ گیا ہے انحصار
جس کا تو حاسد ہے اس کا جو ہو حاسد، تیرا یار
واسطے اللہ کے ہو دوستی اب وہ کہاں
جنگ جب تک تھی بتوں سے نام تھا اللہ کا
اب تو ہر اک ہے مجاور اک جدا درگاہ کا
واسطے اللہ کے ہو دوستی اب وہ کہاں
ہاں تجارت اور پالیٹکس میں دیکھیں جو مود
چند روزہ متفق ہوں ورنہ اے شیخ و ہنود
واسطے اللہ کے ہو دوستی اب وہ کہاں

۱۸-۱۹۱۷ء کا ذکر ہے کہ ہندوستان کے اخباری میدان میں بحث طریقت و شریعت کے درمیان چھڑ گئی۔ شریعت کا جھنڈا لاہور میں دفتر زمیندار سے بلند ہوا۔ طریقت والوں نے دہلی کی ایک خانقاہ میں پناہ لے، یہیں سے ضربیں لگانا شروع کیں۔ اور جب دیکھا کہ حریف کی گولہ باری بے پناہ ہے، تو چٹ حکومت سے درخواست مداخلت کر دی۔ اکبر نے عین اس وقت جبکہ اشتعال جذبات کا شباب تھا، مصلحت شناسی، و مصالحت جوئی کے چھینٹے ڈالنے شروع کئے۔ آگ اپنے وقت پر بہر حال بجھتی ہی (اور مدت ہوئی کہ اب اس کی خاکستر بھی باقی نہیں) البتہ اکبر کے چشمہ اصلاح کے وہ قطرے یادگار رہ گئے۔ وہ کبھی انشاء اللہ خشک نہ ہوں گے۔ پوری نظم ذرا طویل ہے۔ اقتباس ملاحظہ ہو،

اس وقت مولویت صوفیت سے بھڑ گئی ہے

اغیار کو ہو مژدہ، آپس میں چھڑ گئی ہے
ملا کو زعم ہے یہ دانم چرا نگویم
صوفی کو یہ کہ دارم پائے چرا نہ پوئم
ملا یہ کہہ رہے ہیں میرا رسالہ دیکھو
صوفی کا ہے اشارہ، میرا پیالہ دیکھو
ملا یہ کہہ رہے ہیں قرآن ہی سے بڑھیئے
صوفی یہ کہہ رہے ہیں معنی سمجھ کے پڑھیئے۔
کہتے ہیں کر رہے ہیں ہم یہ رفارمیشن
دیکھا نہیں تھا لیکن مردوں پر آپریشن
اس وقت کیا تمہاری یہ خوش خیالیاں ہیں
آپس کی گالیاں ہیں، غیروں کی تالیاں ہیں
شیعہ ہوں خواہ سنی، ملا ہوں خواہ صوفی
بے سود جنگ باہم ہے سخت بے وقوفی
دیکھ ذرا تنزل تو خود ہی زور پر ہے
موقوف کب یہ حالت آپس کے شور پر ہے
وقت نزع باہم ہر گز نہیں ہے یارو
اللہ کو پکارو، اللہ کو پکارو

سب سے گہرا دام، لفظ "ترقی" میں ہے۔ مغرب کا ہر عیب آج ہماری نظر میں ہنر ہے، اس کی ہر بدروئی ہماری آنکھ میں حسن ہے، اگر ہم عیب کو عیب ہی سمجھ

لیں، جب بھی کوئی صورت تو اس سے بچنے کی بھی نکالیں، سوچیں لیکن مصیبت تو یہی ہے کہ معائب کو مناقب، نقائص کو کمالات سمجھ رہے ہیں، اور زہر کو تریاق کے درجہ میں رکھ رہے ہیں "ترقی"، تہذیب "شائستگی"، "ارتقا"، "روشن خیالی" وغیرہ چند الفاظ کان میں پڑ گئے ہیں۔ الٹ پلٹ کر یہی ہماری زبان پر آرہے ہیں۔ یہی ہمارے دلوں میں بسے ہوئے ہیں۔ شوق انہیں مقصدوں کی تحصیل کا، ارمان انہیں مقصدوں کی تکمیل کا۔ داد دیجئے، فرشتوں کے مشہور معلم کی ذہانت کی، شکار کو پھانسنے کے لئے کیا افسوں کانوں میں پھونک گیا ہے،

شیطان نے ترکیب تنزل کی نکالی
ان لوگوں کو تم شوق ترقی کا دلا دو

شکاریوں کا بیان ہے کہ جب شیر کا شکار منظور ہوتا ہے تو درختوں میں بھینسے باندھ دیے جاتے ہیں۔ شیر ان کی خوشبو پا، انہیں نوش جاں کرنے جلدی جلدی لپکتا ہوا، جھپٹتا ہوا آتا ہے اور شکار کرنے کے عوض خود ہی شکار ہو جاتا ہے۔ شاعر اس تشبیہ کو بھی اپنے کام میں لاتا ہے۔

شیر ان شرق کا انہیں منظور ہے شکار
بھینسے بندھے ہوئے ہیں ترقی کے شوق کے

حقوق سیاسی کی توسیع پر مسرور ہیں اور خوش ہو رہے ہیں کہ اب ہمارے نمائندے اتنوں کے بجائے اتنے ہو گئے ہیں اور یہ نہیں دیکھتے کہ اس طرز انتخاب نے خود ہماری جماعت کے اندر کیسی پھوٹ پیدا کر دی ہے، باہمی رشک وحسد، بد گمانی، ونفسانیت، خود غرضی ونا اتفاقی میں کتنی ترقی دے دی، اور طرح طرح کے

ناجائز لالچوں، ترغیبوں کا دامن ہمارے نفس کے لئے کتنا وسیع کر دیا ہے۔ عذاب عقبیٰ کو چھوڑ یئے، یہ عذاب دنیوی اپنے ہاتھوں مول لیا ہوا کچھ کم ہے!

عزیز لڑتے ہیں آپس میں یہ ستم کیا ہے
خدا کی مار سے ووٹوں کی مار کیا کم ہے

یہی راگ ایک دوسری دھن میں سنیئے،

قوم کے دل میں کھوٹ ہے پیدا
اچھے اچھے ہیں ووٹ پہ شیدا
کیوں نہیں پڑتا عقل کا سایہ
سمجھیں اس کو فرض کفایہ
بھائی بھائی میں ہاتھا پائی
سلف گورنمنٹ آگے آئی
پاؤں کا ہوش اب فکر نہ سر ۳۸ کی
ووٹ کی دھن میں بن گئے پھر کی

اس جدید نظام اخلاق کو تعلق نہ والدین کی خدمت و تعظیم سے، نہ بزرگوں کی بزرگداشت سے، نہ اللہ و رسول کے احکام و حقوق سے، فضا ہی ایسی تیار ہو گئی ہے، ماحول ہی ایسا بن گیا ہے۔

باپ ماں سے، شیخ سے، اللہ سے کیا ان کو کام
ڈاکٹر جنوا گئے، تعلیم دی سرکار نے

یہ شاعری شاعری نہیں حقیقت کی ترجمانی ہے آخرت کا خیال جانے دیجئے۔ یہ

ارشاد ہو کہ تہذیب جدید نے اس دنیا کی زیست کی سہولتیں کہاں تک پیدا کی ہیں ؟ جینا آسان کر دیا ہے یا اور مشکل ؟ جنگ، ہلاکت، غارت گری و سفاکی کے وہ حیرت انگیز آلات و وسائل، جو چنگیز و ہلاکو کے وہم و گمان میں بھی نہ تھے، کس کے ایجاد کئے ہوئے ہیں، موٹر، موٹر سائیکل، ریل، لاری، ٹرام کے روزانہ ناگہانی حادثوں نے ہر بڑے اور متمدن شہر میں موت و ہلاکت کا اوسط کچھ گھٹا دیا ہے یا اور بڑھا دیا ہے ؟ روز مرہ کی ضروریات زندگی کی اس کمیابی (اور اب تو نوبت نایابی تک پہنچ چکی ہے) کی کوئی مثال پچھلی تاریخ میں ملے گی ؟

ملوں کی بھرمار، چمنیوں کی افراط، انجنوں کی ریل پیل مل کے مزدوروں کی آبادی کی گنجانی، ہر وقت کی گھڑ گھڑاہٹ، ہر گھڑی کا شور و ہنگامہ، دم بدم کے دھوئیں نے بڑے بڑے متمدن شہروں کی صحت کا کیا حال کر دیا ہے ؟ بڑے شہروں کے شہریوں میں فیصدی کتنوں کے دانت درست ہیں ؟ معدے ٹھیک ہیں ؟ آنکھیں عینک سے بے نیاز ہیں۔ جو سکون قلب، آسائش و راحت، تمدن بیگانہ دیہونیوں کو حاصل ہے، اس کا کوئی حصہ بھی تمدن جدید کے پر آشوب، ہنگامہ پرور، ہیجان آفرین، مرکزوں میں رہنے والوں کو نصیب ہوتا ہے ؟ اس قسم کے سوالات کا حل اکبر کی ترجمان حقیقت زبان یوں پیش کرتی ہے۔

تہذیب نو جسے تم کہتے ہو اس سے اکبر
دنیا بگڑ رہی ہے اب یا سنور رہی ہے ؟
نقشوں کو تم نہ جانچو خلقت سے مل کے دیکھو
کیا ہو رہا ہے آخر، کیسی گذر رہی ہے ؟

دل میں خوشی بہت ہے یا رنج اور تردد

کیا چیز جی رہی ہے، کیا چیز مر رہی ہے؟

سنتے آئے ہیں کہ ہر درد کی دوا علم ہے، خاک سے پاک کرنا علم کا کام ہے، محتاج کو غنی کرنا علم کا فیض ہے، بیمار کو تندرست کرنا علم کی مسیحائی ہے۔ کہیں اور کبھی بے شک یہی ہوتا ہوگا، لیکن اپنے نصیب کو کیا کہہ کر روییئے کہ یہی تریاق زہر بن گیا ہے۔ ہمیں سابقہ جس علم سے اس دور میں پڑا ہے وہی تو امراض کا مورث ہے۔ مفاسد کی اصل اور بدبختیوں کا منبع جسے شربت کا نام دیا گیا ہے، وہی جام زہر نکلا، جسے رہبر کہہ کر پکارا گیا، وہ رہزن ثابت ہوا۔

جس نظام کو ہم نے نام "علم" و تعلیم کا دے رکھا ہے وہی تو عین جہالت ہے۔ یہ تو عین وہی "علم" ہے جس کا مقصود دلوں میں حب دنیا کو اور پختہ وراسخ کرنا ہے۔ خیال عقبیٰ و آخرت کے لئے اس تعلیم کے نصاب میں کوئی جگہ نہیں۔ نصابی تعلیم کا فلسفہ خدا اور رسول کے اعتقاد سے ناآشنا، اس کا سائنس مادیات کے اوپر کچھ دیکھنے سے اندھا، اس کی حکمت میں جنگ و دوزخ، حور و ملک کا وجود عنقا۔ اس پڑھائی لکھائی کے نتیجے جو نکلنے تھے، نکل کر رہے۔ ان پر برہم ہونا اور ساتھ ہی اس نظام کی تائید کئے جانا، تو گویا چاہنا ہے کہ آگ پیدا ہو جائے لیکن اس میں جلانے کی قوت نہ ہو، پانی کا وجود ہو لیکن وہ کسی شے کو تر نہ کر سکے، آفتاب نکل آئے، لیکن کوئی شے اس سے منور نہ ہونے پائے۔ اکبر کی تشخیص میں یہی نظام تعلیم تو ہے جس نے ابتری ہمارے اخلاق میں، معاشرت میں، مذہب میں، پیدا کر رکھی ہے۔

اک علم تو ہے بت بننے کا، اک علم ہے حق پر مٹنے کا

اس علم کی سب دیتے ہیں سند، اس علم میں ماہر کون کرے
جب علم ہی عاشق دنیا ہو، پھر کون بتائے راہ خدا
جب خضر اقامت پر ہوں فدا، تائید مسافر کون کرے
سودا بھی ہے رنگ طبع بشر، فطرت ہی میں ہیں اسباب جنوں
اکبر کو بھی ہوش آجائے، تو پھر اس کام کو آخر کون کرے

اسی حقیقت کی ترجمانی ایک دوسرے وزن قافیہ میں،

مسٹر نقلی کو عقبیٰ میں سزا کیسی ملی
شرح اس کی نامناسب ہے، ملی جیسی ملی
اس نے بھی لیکن ادب سے کر دیا یہ التماس
چارہ کیا تھا اے خدا، تعلیم ہی ایسی ملی

یہی مضمون ایک تیسری جگہ،

اس چیز کا کیا کہنا اکبر، تھا جس نے دلوں کو نیک کیا
لاکھوں ہی طبائع کو کھینچا، ہموار کیا اور ایک کیا
جو قوم کو ابتر کرتے ہیں، اب ان کا اثر پر رونا ہے
معلوم نہیں کیا مطلب ہے، معلوم نہیں کیا ہونا ہے
اس کا جو سبب ہے سن لو، سب پر وہ عیاں ہے ظاہر ہے
الفاظ صریح و واضح ہیں، یہ مطلع اکبر حاضر ہے
تعلیم جو دی جاتی ہے ہمیں، وہ کیا ہے فقط بازاری ہے
جو عقل سکھائی جاتی ہے، وہ کیا ہے فقط سرکاری ہے

فرماتے ہیں کہ ملت کی شیرازہ بندی اگر مقصود ہے تو علی گڑھ اس درد کی دوا نہیں ہو سکتا۔ ملازمت اور چاکری کے سکوں کی ٹکسالوں کا کام تو یہ قومی کالج ضرور دے سکتے ہیں لیکن قوم کا قوام تو انگریزی سے نہیں، عربی سے درست ہو سکتا ہے۔ خشک حقیقت کو ظرافت کے چٹخارہ کے ساتھ یوں پیش کرتے ہیں۔

یہ بات تو کھری ہے، ہرگز نہیں ہے کھوٹی
عربی میں نظم ملت، بی اے میں صرف روٹی
لیکن جناب لیڈر یہ شعر سن کے بولے
بندھوائیں گے یہ حضرت اس قوم کو لنگوٹی
اس بات کو خدا ہی بس خوب جانتا ہے
کس کی نظر ہے غائر، کس کی نظر ہے موٹی

لیکن نظم ملت و اصلاح امت کی اب پرواہی کس کو ہے؟ یہ دین کا اب سوال ہی کیا؟ پیش نظر تو صرف دنیا ور اس کی ترقیاں ہیں۔ کونسل اور اسمبلی، اسکول اور کالج، جاہ و منصب، مشاہرہ و اعزاز، خودی کی پرستش سے اب فرصت کس کو جو خدا کی پرستش پر توجہ کرے۔ شاعر یہی منظر دیکھ کر صدا لگاتا ہے۔

مذہب نے پکارا اے اکبر، اللہ نہیں تو کچھ بھی نہیں
یاروں نے کہا یہ قول غلط، تنخواہ نہیں تو کچھ بھی نہیں

نظام کائنات میں اذیت و تکلیف کا وجود رکھا ہی اس غرض سے گیا ہے۔ اس سے نفس میں شکستگی و تفرع پیدا ہوا۔ دھن بجائے "اسباب" کے مسبب الاسباب کی پیدا ہو۔ مخلوق اپنے ہم جنسوں سے بے آس ہو کر خلوص و خضوع کے ساتھ اپنے

خالق کی جانب رجوع کرے۔ چنانچہ دنیا میں جو عذاب نازل ہوتے رہتے ہیں، ان کا فلسفہ یہی ہے۔ فطرت سلیم ایسے موقعوں پر راہ ہدایت پا جاتی ہے لیکن ایسی مخلوق کی بھی کمی نہیں جو الٹا اثر لیتی ہے۔ اس کی شقاوت و قساوت کے لئے یہ تمام تازیانے بے اثر رہتے ہیں۔ ہر تازہ نشان غیبی، ہر جدید آیت الٰہی، ہر تنبیہ فطرت غفلت و جمود، الحاد و امراض میں اضافہ ہی کرتی ہے۔

جو تریاق ہونا چاہئے تھا وہ اس کے حق میں زہر کا کام دینے لگتا ہے۔ ہجوم مصائب میں بھی اسے تکیہ مادی اسباب پر، اور بھروسہ دنیوی وسائل پر رہتا ہے۔ دست سوال ہر بڑی کوٹھی کے مکین، ہر اونچے دفتر کے سر دفتر کے آگے، دراز ہوتا رہتا ہے۔ پیٹ کا سوال ہر عالیشان دفتر کا طواف کراتا رہتا ہے۔ ہر امیر اور ہر وزیر ہر بڑا افسر امیدوں کا مرکز، حاجتوں کا قبلہ بنا رہتا ہے۔ اللہ سے بے تعلقی، مصیبتوں کے ہجوم کے وقت بجائے گھٹنے کے کچھ اور بڑھ ہی جاتی ہے۔

اکبر اپنے گرد و پیش یہ منظر دیکھ اپنی زبان حقیقت ترجمان سے اس پر نوحہ خوانی کرتے ہیں لیکن خوب سمجھے ہوئے ہیں کہ یاران مجلس کو درد و عبرت کے تذکروں سے واسطہ کیا۔ یہ تو اس کے نام ہی سے وحشت کرتے ہیں۔ بزم میں قدم اس شان سے رکھتے ہیں کہ چہرہ پر ظرافت کا نقاب پڑا ہوا ہے، نشاط و زندہ دلی کا ساز ہمراہ ہے لیکن منہ سے صدائیں درد و عبرت کی نکل رہی ہیں اور زیر لب آواز سوز و فغاں ہی کے سروں میں آ رہی ہے۔ بزم میں تماشائی ۳۹ زیادہ ہیں اہل نظر چند، تماشائی یہ سوانگ دیکھ کر تالیاں بجاتے ہیں اور اہل نظر کی آنکھوں سے آنسو جاری ہو جاتے ہیں، ایک جھلک دیکھتے چلئے۔

ترقی کی نئی راہیں جو زیر آسمان نکلیں
یاں مسجد سے نکلے اور حرم سے بیویاں نکلیں
مصیبت میں بھی اب یاد خدا آتی نہیں ہم کو
دعا منہ سے نہ نکلی، پاکٹوں سے عرضیاں نکلیں

فضا کی حالت یہ ہے کہ سچی بات زبان سے نکالنا مشکل، بس جو کچھ سب کہہ رہے ہیں وہی کہے جایئے۔ جو کچھ دوسرے کر رہے ہیں وہی کئے جایئے۔ جس حمام میں سب ہی ننگے ہیں اسی میں آپ کو بھی بلا تامل بے پردہ ہو جایئے۔ جب تو آپ اچھے، آپ کی باتیں اچھی، آپ کی سوسائٹی اچھی، ادھر کلمہ حق زبان سے نکالا کہ مارے گئے۔ ہر طرف آوازے کسے گئے، نکالے گئے، اعزاز و عافیت کی تلاش ہے تو جو رنگ چھایا ہوا ہے بس اسی میں چپکے سے خود بھی رنگ جایئے۔

یہ عجب عمل، یہ عجب اثر یہ عجیب نقش بھرے گئے
جو بچے بہت تو بچے رہے جو کھری کہی تو دھرے گئے
تری بزم اکبر خوش بیان ہے محل فرحت دوستاں
جو ملول آئے وہ خوش گئے، جو فسردہ آئے ہرے گئے

مذہب اور اخلاق، خدا و رسول، حشر و ملائکہ کو چھوڑیئے، اس وقت ڈگری حاصل کرنے، گریجویٹ ہونے، ڈاکٹریٹ کی سند ہتیانے، کونسل کی ممبری اچک لینے، ملازمت میں داخل ہو جانے کی دھن میں اتنے حواس بھی کسی کے نہیں کہ خشک عقلی و علمی بحثوں پر قوت خوض صرف کی جائے اور اتنی فرصت کسے کہ رومی و رازی نہ سہی سعدی و طوسی کے لئے ہی وقت نکالا جائے؟ معیار تو صرف یہ

ٹھہر گیا ہے کہ فلاں مطالعہ جلب زر میں، حصول جاہ میں، کہاں تک معین ہو گا؟ اور بس یہ لمبی کہانی، اکبر کی زبانی دو لفظوں میں سن لیجئے۔

اس سے تو اس صدی میں نہیں ہم کو کچھ غرض
سقراط بولے کیا اور ارسطو نے کیا کیا
بہر خدا جناب، یہ دیں ہم کو اطلاع
صاحب کا کیا جواب تھا، بابو نے کیا کہا

لڑائیاں حکومتوں کے درمیان پہلے بھی ہوتی تھیں، اب بھی ہوتی ہیں، البتہ پہلے ان کی بنیاد تحفظ عقائد، پاس عزت، حفظ ناموس تھی، گویا کوئی نہ کوئی پہلو خود داری کا لئے ہوئے۔ اب دنیا اس درجہ غالب آگئی ہے کہ یہ سب اڑ اڑ کر جنگ کی محرک تقریباً ہر جگہ تجارتی رقابت رہ گئی ہے اور معاشی مسابقت۔ فرماتے ہیں،

مذہب کے واسطے و شرافت کے واسطے
ہے اب تو جنگ حکم و تجارت کے واسطے
لے ہی گئے گھسیٹ کے مجھ کو پریڈ پر
تیار ہو رہا تھا، میں جنت کے واسطے

کسی زمانے میں ہمیں تعلیم یہ ملی تھی کہ راہ خدا میں کچھ کرو، حتی الامکان خلق کی نظر سے پوشیدہ کر کے اور جو کچھ بھی خیرات کرو، اس سے مقصود بس اللہ کی رضا جوئی ہو، نہ کہ بندہ پر کوئی احسان، لیکن اب حالت یہ ہے کہ چندہ بعد کو دیا جاتا ہے اور اعلان پہلے کیا جاتا ہے، جلسوں میں بھی تالیوں کی گونج کے درمیان اور پھر اخبارات کے ذریعہ سے بھی بلکہ بہت سی صورتوں میں تو بس اعلان ہی اعلان، وعدہ

ہی وعدہ رہتا ہے، اس سے آگے کی نوبت بھی نہیں آتی۔ اور پھر اس "کار خیر" کا مقصود کیا ہوتا ہے؟ عموماً و بیشتر یہی نا کہ فلاں انجمن کی صدارت فلاں مدرسہ کی سرپرستی ہاتھ آجائے؟ فلاں پارٹی میں اثر اور اپنا حق قائم ہو جائے؟ یا پھر یہ کہ چندہ خان بہادری کے، آنریری مجسٹریٹی کے، نائٹ ہڈ کے، غرض کسی معزز منصب یا خطاب کی قیمت سمجھ لیا جائے، شاعر اپنے چاروں طرف یہ سماں دیکھ کر حسرت ویاس کی لے میں پکار اٹھتا ہے۔

کچھ دیکھتا نہیں میں دل زار کے لئے
جو کچھ یہ ہو رہا ہے سب اخبار کے لئے

ایک دوسری جگہ عبرت وحسرت کے اس گنجینہ کو شوخی وظرافت کے دوشالہ میں ڈھانپ کر پیش کرتا ہے۔

چرخ نے پیش کمیشن کہہ دیا اظہار میں
قوم کالج میں اور اس کی زندگی اخبار میں
شوہر افسردہ پڑے ہیں اور مرید آوارہ ہیں
بیبیاں اسکول میں ہیں اور شیخ جی دربار میں

انتشار ملت کی اس سے صحیح تر تصویر اور کیا ہو گی؟

حمایت مذہب کے دعوے اب بھی زبانی بہت کچھ کئے جا رہے ہیں لیکن عموماً اس طبل بند بانگ کے پیچھے حقیقت کیا ہوتی ہے؟ یہی نا کہ ذاتی مخالفتوں، مخاصمتوں کی تسکین کا موقع ہاتھ آئے اور مخالف کی رسوائی اور بدنامی جی بھر کر ہو رہے۔ مخالف اگر "وہابی" ہے تو آپ اس کی ضد میں صوفی اپنے کو کہنے لگئے اور اس کی

وہابیت کو خوب خوب اچھالئیے۔ حریف اگر بدعتی ہے تو آپ اس کے جوڑ پر اتباع سنت کے مدعی ہو جائیے، اور اس کے بدعتی ہونے کو خوب چمکایئے، خوب پھیلائے۔ اکبر کا قلم یہ سادہ تصویر یوں پیش کرتا ہے، بلاغت کے رنگین نقش اس پر اضافہ۔۔۔

ہادی کے کبھی پیرو نہ ہوئے، ہاں اس کے لے لٹھ تان سکے
مذہب نے ہمیں پہچان لیا، ہم اس کو نہیں پہچان سکے

خدا فراموش نظام معیشت اور خود پرست آئین معاشرت کے اختیار کر لینے کا نتیجہ کیا ہوا؟ یہی کہ امن و عافیت کا نشان نہ رہا، انبساط قلب و سکون خاطر کے الفاظ بے معنی رہ گئے، آئین ہمدردی کے بجائے فلسفہ "تنازعہ البقا" اور "کارزار" حیات کا رائج ہو گیا۔ زندگی کی ضرورتیں گراں ہوئیں، بدکاریاں ارزاں ہوئیں، ہلاکتیں بڑھیں، عمریں گھٹیں، ہیجان میں بیشی، اطمینان میں کمی آئی، محبتیں مٹیں، خصومتیں ابھریں، خدا فراموشی کا نتیجہ یہ ہونا ہی تھا کہ زندگی تلخ ہو جائے۔ "تمدن و تہذیب" کی اس زندگی سے عقبیٰ جیسی سنورتی ہے اسے تو "کل" یہ اٹھا رکھیے، آج کا مشاہدہ تو یہ ہے کہ دنیا برباد ہوئی جاتی ہے۔

گلشن مشرق کا باغبان اپنی آنکھوں سے اپنے چمن کی بربادی دیکھتا ہے، اتنا بس نہیں کہ صیاد کا ہاتھ پکڑ سکتے، ہاں اپنے اوپر تو کسی حد تک اختیار اب بھی باقی ہے۔ زبان پر مرثیہ ہے، لب پر آہ، آستین آنکھوں پر ہے، اسے ہٹا کر دیکھئے تو کچھ بوندیں چمکتی ہوئی نظر آتی ہیں، ممکن ہے مستقبل کا جوہری ان موتیوں کی کچھ قیمت لگا سکے۔

ہم کو نئی روش کے حلقے جکڑ رہے ہیں
باتیں تو بن رہی ہیں اور گھر بگڑ رہے ہیں
ذاتی ترقیاں ہیں، قومی ہے یا تنزل
گرہیں یہ کھل رہی ہیں یا پیچ پڑ رہے ہیں
ٹانکے وہ لگ رہے ہیں جو کروٹوں میں ٹوٹیں
بخیئے جو فطرتی تھے، وہ اب ادھڑ رہے ہیں
سطح زمین سے پوچھو کیا مل رہاہے اس کو
نظروں میں پھلجھڑی ہے گو پھول جھڑ رہے ہیں
چلتی تو ہیں زبانیں اور بھرتے ہیں شکم بھی
لیکن امید کیا ہو جب دل اجڑ رہے ہیں
یہ زیور معانی کس کی کریں گی زینت
لفظوں میں نگینہ کیوں آپ جڑ رہے ہیں

فلسفہ کو چھوڑیئے کہ یہ تو خود ہی ظنیات و احتمالات کی بھول بھلیاں ہے۔ سائنس کو لیجئے، کہا جاتا ہے کہ یہ قطعیات و یقینیات کا ہادی ہے اور سائنٹفک ترقیاں مخصوص فیض ہیں تمدن جدید کا لیکن یہ ارشاد ہو کہ یہ آلات اور نت نئی ایجادات والی ترقیوں سے دنیا میں برکتیں زیادہ پھیلی ہیں یا لعنتیں؟ مجموعی طور سے ان سے اب تک دنیا کے ذخیرہ مسرت و راحت میں اضافہ ہوا ہے یا جنگ و جدال میں، قتل و غارت میں، جعل سازی او دھوکہ بازی میں؟ ان سے تحریک و تقویت انسان کے جذبات ملکوتی کو زیادہ پہنچی ہے یا جذبات بہیمی کو؟ شاعر کے ذہن میں یہ سب

واقعات و مشاہدات محفوظ ہیں۔ آہ سرد کے ساتھ وہ "صاحب" اور "صاحب" کے لائے ہوئے سائنس کو مخاطب کر کے کہتا ہے کہ ہم نے تو اپنا اخلاق، اپنا جوہر شرافت سب آپ کی خوشی پر نثار کر دیا تھا، اپنوں کو بیگانہ بنالیا تھا لیکن اب جو نظر پھیر کر دیکھتے ہیں تو آپ کی تشریف آوری سے الٹی مصیبتیں ہی بڑھ کر رہیں۔

مرے عمل سے نہ شیخ خوش ہیں نہ بھائی خوش ہیں نہ باپ خوش ہیں
مگر میں سمجھا ہوں اس کو اچھا، دلیل یہ ہے کہ آپ خوش ہیں
جو دیکھا سائنس کا یہ چکر، دھرم پکارا کہ اے برادر
ہمارے دور میں پُن مگن تھے، تمہارے دور میں پاپ خوش ہیں

"مشرق و مغرب" کا جو فرق ہے وہ مشرق و مغرب کا فرق ہے۔ بعد المشرقین ہے۔ جزئیات میں نہیں کلیات میں ہے، فروع میں نہیں اصول میں ہے، غرض میں نہیں، جبلت و سرشت میں ہے، وہ مادیت میں مست ہیں ہم روحانیت میں غرق۔ وہ تجارت و ثروت کے گھوڑ دوڑ میں سرگرم عمل ہیں، ہم صبر و قناعت کے حجرہ میں فقر کی کملی لپیٹے ہوئے ہیں۔ وہ دنیا کے چپہ چپہ سے واقفیت کی دھن میں ہیں، ہمیں اپنے عرفان نفس کی کوششوں سے کہاں فرصت۔ وہ اس پر تلے ہوئے ہیں کہ مادہ کے ایک ایک قانون کو دریافت کر کے رہیں گے، ہم اپنے سفر میں کائنات مادی کو بہت پیچھے چھوڑ آئے ہیں وہ مادہ کے ایک ایک قانون کو دریافت کر کے اچھل پڑتے ہیں کہ "انسان کی اصل بندر ہے" ہم بد مستی و بیہوشی میں بھی نعرہ لگاتے ہیں تو یہ کہ انسان خدا میں گم ہے۔ اکبر اس سارے دریا کو کوزہ میں بند کر کے پیش کرتے ہیں۔

مشرقی کو ہے ذوق روحانی

مغربی میں ہے میل جسمانی
کہا منصور نے خدا ہوں میں
ڈارون بولے بوزنہ ہوں میں
ہنس کے کہنے لگے مرے اک دوست
"فکر ہر کس بہ قدر ہمت اوست"

اکبر نرے واعظ نہ تھے، حکیم اخلاق بھی تھے، راہ راست کی جانب اشارہ کر کے خاموش ہو جانے والے نہ تھے، راستہ کی پیچیدگیوں اور راہ رو کی الجھنوں سے بھی واقف تھے، اس لئے مسافروں کو راہ کے پیچ و خم، منزلوں کی مشکلات کی بابت بھی ہدایتیں دیتے جاتے ہیں۔ اخلاق کے اکثر مرحلے بڑے ہی پیچیدہ واقع ہوئے ہیں۔ حساب کے پہاڑے نہیں کہ چھوٹا بچہ بھی آنکھ بند کر کے رٹ ڈالے۔ جذبات کی کشش ایک سمت ہوتی ہے، عاقبت اندیشی کا فتویٰ دوسری جانب، پھر خود جذبات کے اندر بھی باہمی آویزش، کشمکش۔ اکبر کہیں کہیں ان گتھیوں کو بھی سلجھاتے گئے ہیں، جابجا ان کی حکیمانہ فکر و عارفانہ نظر سے اخلاق و معاشرت کے محض جزئیات ہی کو نہیں بلکہ فلسفہ اخلاق کے اصول کو لیا ہے، اور بنیادی مسائل کو کھول کر رکھ دیا ہے۔

شباب کی بد مستیاں و بے احتیاطیاں کس نوجوان اور پختہ عمر والے کو نہیں معلوم، ساتھ ہی مذہب و اخلاق کی عدالت کا فیصلہ بھی سب پر روشن ہے۔ اکبر کا کمال یہ ہے کہ کل چار مصرعوں کے اندر (بھلا چار مصرعوں کی بھی کوئی بساط ہے؟) پہلے تو انسان کی نفسیاتی کیفیت کا نقشہ کھینچتے ہیں، آپ ابھی اسی کو دیکھتے ہوتے ہیں کہ

وہ مرض کی ایک ایک علامت بیان کرنے لگتے ہیں۔ آپ ان کی داد بھی دینے بھی نہیں پاتے کہ چٹ پٹ ایک نسخہ شفا بھی تجویز کر ڈالتے ہیں۔ مکمل تشخیص اور علاج کل چار مصرعوں میں،

نیچر کو ہوتی خواہش زن کی، اور نفس نے چاہا رشک پری
شیطان نے دی ترغیب کہ ہاں لذت تو ملے زانی ہی سہی
نیچر کی طلب بالکل ہے بجا، اور نفس کی خواہش بھی ہے روا
شیطان کا ساتھ البتہ برا اور خوف خدا ہے اس کی دوا

دین و مذہب کی تحصیل بہتوں نے محض ایک علم یا فن کے طور پر کرنا شروع کی ہے۔ یعنی بجائے اس کے کہ اس کو برتیں، اسے اپنی زندگی میں نباہیں، اسے ایک مسلک حیات قرار دیں، محض اس کے کچھ مسائل یاد کر لیتے ہیں۔ مقصود ان معلومات پر عمل کرنا نہیں ہوتا بلکہ دوسروں پر اپنی قابلیت کا سکہ جمانا ہوتا ہے، یا پھر دوسروں کی لتاڑ کرنا۔ اکبر کا قول ہے کہ مذہب و اخلاق سے فائدہ اسی وقت حاصل ہوتا ہے جبکہ ان کی تعلیمات پر عمل کر کے انہیں جزو زندگی بنا لیا جائے۔ نہ یہ کہ ان کے قیل و قال سے کام محض گرمی محفل کا لیا جائے۔ لیکن عمل میں ظاہر بینوں کو لذت کہاں، نفس کو لذت تو دوسروں ہی کے بتانے پڑھانے سکھانے میں آتی ہے۔

علم دین حاصل کیا لیکن قباحت یہ ہوئی
صرف سکھلانے میں لذت ہے عمل میں کچھ نہیں
زیست کا مصرعہ بنے خود آہ سوزاں تب ہے لطف
ورنہ اے اکبر تری نظم و غزل میں کچھ نہیں

مذہب کا لیبل چپکا لینے، مذہب کا محض نام رٹ لینے سے کچھ نہیں ہوتا۔ اصل شے ایمانیات میں عقیدہ توحید ہے اور اعمال میں درستی اخلاق۔ جب یہ حاصل ہے تو سب کچھ حاصل ہے، جب یہ نہیں حاصل تو کچھ بھی نہیں حاصل۔ باقی سب لفاظیاں اور اصطلاحی بولیاں ہیں۔

مرے نزدیک تو بے اصل یہ اشکال ظاہر ہیں
جو اچھے ہیں وہ مومن ہیں، برے جو ہیں وہ کافر ہیں
وہی ہیں پاک طینت، لو لگی ہے جن کی خالق سے
نہیں ہے شرک کی جن میں نجاست، بس وہ طاہر ہیں

مذہب کی حیثیت انفرادی سے زیادہ جماعتی تھی تو پہلے بھی لیکن اب تو کہنا چاہئے کہ یہی جماعتی حیثیت اور سب حیثیتوں پر غالب آگئی ہے۔ کوئی شخص اگر عیسائی ہے تو اس کے معنی اب یہی رہ گئے ہیں کہ اس کا میل جول، اٹھنا بیٹھنا، کھانا پینا، عیسائیوں کے ساتھ ہوگا، اس کے طور طریقے فرنگیوں کے سے ہوں گے، سال میں "بڑا دن" منائے گا، خوشی کرے گا، کیک کھائے گا، ہفتہ میں اتوار کو کام کاج بند رکھے گا۔ ملنے جلنے میں رہے گا۔ عجب نہیں کہ گرجا بھی ہو جائے۔

کوئی صاحب اگر شیعہ ہیں تو معنی یہ ہیں کہ محرم میں مجلس کریں گے، عزاو ماتم میں پیش پیش ہوں گے، آمد و رفت شیعوں ہاں رکھیں گے۔ کوئی بزرگ اگر سنی ہیں تو میل جیل اہل سنت سے رکھیں گے، مدح صحابہ کے جلسہ جلوس میں شریک ہوں گے، گھر کی ریت رسم سنیوں کی سی رکھیں گے۔ کسی شخص نے تبدیل مذہب کر دیا تو اس کے معنی اب یہ ہوتے ہیں کہ اس نے اپنی سوسائٹی بدل دی، اپنے جماعتی ماحول

میں تغیر کر دیا۔ فلاں فلاں کے بجائے فلاں فلاں سے تعلقات اور رابطے بڑھ گئے۔ عقاید کا سوال بالکل دوسرا ہے۔ اس کا تعلق صرف خدا اور بندہ کے درمیان ہے۔ یہاں گفتگو مذہب کے صرف ظاہری، معاشری و مجلسی پہلو سے متعلق ہے، اس لئے اکبر کہتے ہیں کہ معتقدات کی کرید کی حاجت دنیا کو بالکل نہیں، دنیا کے دیکھنے کی بات تو صرف اتنی ہے کہ وضع اور طور اعمال اور اخلاق کیسے ہیں۔

مذہب ہے امر قوی، سمجھوتہ فعل ذاتی
معذور سب ہیں اس میں گنگوہوں یا وفاتی
شیعہ ہوں خواہ سنی، لالہ ہوں یا برہمن
مذہب کو مورثوں سے سب پاتے ہیں عموماً
پولیٹیکل ضرورت بے شک تھی اس کی اول
اب اس طرف توجہ لازم ہے صرف سوشل
اچھا برا نہ کہہ دو تم مذہبی بنا پر
اخلاق اس کے دیکھو ہے اصل تو یہ جوہر
تعلیم جو ہے عمدہ صحت اگر ہے اچھی
پاؤگے اس کو اچھا، طینت اگر ہے اچھی
ناری ہے یا کہ ناجی، اس کا بیان نہیں ہے
سوشل طریق یہ ہے اور وہ تو راز دیں ہے

دنیا کا قانون تکوینی کچھ ایسا رکھ دیا گیا کہ ایک کے بڑھنے کے معنی دوسرے کے گھٹنے کے ہوتے ہیں، ایک آج ملازمت سے موقوف ہوا، یا پنشن پر ہٹا، اس کے

گھر میں ماتم برپا ہوتا ہے۔ لیکن جس نے اس کی جگہ پائی، کوئی اس کے گھر میں دیکھے کیسے شادیانے بجتے ہوتے ہیں۔ پرانی آبادی ویران کر کے، محکمہ آرائش بلدہ وہاں ایک خوش نما وخوش فضا پارک بنواتا ہے، خلقت وہاں تفریح کے لئے امنڈ امنڈ کر جمع ہوتی ہے اور ہر وقت ہنستی بولتی ہستیوں کا مجمع لگا رہتا ہے۔ لیکن ادھر بھی کبھی خیال کیا گیا ہے کہ کتنے بھرے پرے گھر مسمار ہوئے ہوں گے جب جا کر یہ قطعہ زمین پارک کے لئے نکلا ہے۔ ان ہنستے بولتے گھر والوں پر کیا کچھ گذری ہو گی، اپنے اپنے پیارے گھر کو چھوڑتے وقت، اپنے گھروں سے بے گھر ہوتے وقت انہیں کھدتے دیکھ کر، اپنی کھیل کود کی جگہ پر اپنے کھانے پینے لیٹنے سونے کی جگہ پر پھاوڑے چلتے دیکھ کر، انہیں خاک میں اٹتے اور تپتے دیکھ کر۔ فاتح اپنی فتح مندیوں کا جشن مناتا ہے، بھولا ہوا، بالکل بھولا ہوا، کہ کتنی سہاگنیں بیوہ ہو گئیں، کتنے بچے یتیم ہو گئے، کتنے خاندان برباد اور کتنے گھر بے چراغ!

یہ بات ہے صاف مجھ سے سن لے کتاب میں اس کو کیا پڑھے گا
حدود دنیا کے ہیں معین، جو یہ گھٹے گا تو وہ بڑھے گا

انسان معصیت سے ہاتھ اگر کھینچتا ہے تو عموماً اسی وقت جب خود گناہ ہی کی قوت سلب ہو چکتی ہے، ورنہ جب تک قوت و سامان موجود ہے نفس پرستیوں اور سیہ کاریوں کا سلسلہ ذرا مشکل ہی سے موقوف ہوتا ہے۔

معترض بھی کوئی حق گو کبھی ہو جاتا ہے
مگر اس بزم میں سچ یہ ہے کہ جی ہاں ہے بہت
وعظ تقویٰ نہ کہو، رحم کرو اکبر پر

چشم بد دور، ابھی طاقت عصیاں ہے بہت

نیکی اور بدی پر آخرت میں ثواب و عذاب جو کچھ بھی مرتب ہو، وہ تو ہو گا ہی، ایک بین فرق دونوں کے درمیان تو اس دنیاں میں بھی محسوس ہوتا ہے کہ طاعت کے بعد طبیعت میں شگفتگی، اطمینان، سکون پایا جاتا ہے اور معصیت کے بعد طبیعت کو اضطراب لاحق رہتا ہے۔

شگفتہ پایا طبیعت کو بعد کار ثواب

دلیر دل کو نہ پایا کبھی گناہ کے بعد

محض کتابی معلومات انسان کے جوہر باطن کو صیقل نہیں کر سکتے، اس کے لئے اچھی صحبت لازمی ہے زندگی پر اثر زندہ شخصیت ہی کا پڑتا ہے۔ ایمان میں، قوت عمل میں رسوخ زندہ معلم ہی کے واسطہ سے نصیب ہوتا ہے۔ عالم بے عمل وہی کہلاتے ہیں جن کے دماغ کتابی معلومات سے لبریز ہیں لیکن دل غفت کی نیند سو رہے ہیں۔

کورس تو لفظ ہی سکھاتے ہیں

آدمی آدمی بتاتے ہیں

جستجو ہم کو آدمی کی ہے

وہ کتابیں عبث منگاتے ہیں

ایک اور موقع پر۔۔۔

کام نکلے گا نہ اے دوست کتب خانوں سے

رہئے کچھ روز کسی محرم اسرار کے ساتھ

انسان کو اپنے خلاف مزاج دنیا میں ہزارہا واقعات ملتے رہتے ہیں لیکن کارخانہ دہر کو اپنی مرضی کے مطابق چلانا اس کے بس کی بات نہیں، یہ نظام کائنات تو اس کی مرضی کا نہیں کسی اور ہی کی مشیت کا پابند ہے، اس لئے مآل اندیشی کا تقاضہ یہ ہے کہ انسان ہر نا ملائم واقعہ پر، ہر حادثہ پر، صبر و تحمل، بلکہ رضا و تسلیم سے کام لے۔ یہی اصول ایسے ہیں جو زندگی کو ہنسی خوشی کاٹ دیں گے۔

اپنی مرضی کے موافق دہر کو کیوں کر کروں
بے حد آتا ہے مجھے غصہ مگر کس پر کروں
چل بسے چھوٹے بڑے، تھا جن سے لطف زندگی
مجھ کو کس کا ناز ہے، میں ناز اب کس پر کروں
وصل کی شب حسب موسم ہو ہی جائے گی بسر
لطف اٹھاؤں یا درازی کی دعا شب بھر کروں

کائنات کا ذرہ ذرہ کسی خاص غائت و مصلحت کے ماتحت حرکت کر رہا ہے، ہر چھوٹے سے چھوٹے فعل کا معاوضہ کسی نہ کسی صورت میں مل کر رہے گا، ہر مبتدا کی خبر ضرور نکلے گی۔ ہر ادنی سی ادنیٰ حرکت کوئی نتیجہ ضرور پیدا کر کے رہے گی۔ انسان اگر اس حقیقت کو ہر وقت پیش نظر رکھے اور دل کو عیش و عشرت کی غفلتوں میں نہ پھنسنے دے تو زندگی بڑے امن و عافیت کے ساتھ گزر سکتی ہے۔ جام حیات میں تلخی پیدا کرنے والی ہماری ہی فراموش کاریاں، غفلت شعاریاں ہوتی ہیں۔ اس فلسفہ کو ایک مسلسل غزل میں نہایت خوبی کے ساتھ ادا کیا ہے۔

اکبر اس فطرت خاموش کو بے حس نہ سمجھ

ہاں بصیرت سے تہی، دیدہ نرگس نہ سمجھ
راحت زیست کے سامان سے دھوکے میں نہ آ
امتحاں گاہ کو تو عیش کی مجلس نہ سمجھ
جاہ و منصب میں نظر عاقبت کار پہ رکھ
خاتمہ جس کا ہو افسوس اسے آفس نہ سمجھ
صبر کے ساتھ مصیبت میں جو ہو حسن عمل
بہر انجام یہ امرت ہے، اسے بس نہ سمجھ
دل کا دنیا کی امیدوں سے بہلنا ہے برا
زندگی تلخ جو کر دیں، انہیں مونس نہ سمجھ

تعصب اور غصہ کے جذبات عموماً تنگ نظری کی بنا پر پیدا ہوتے رہتے ہیں۔ انسان کی نظر جوں جوں وسیع ہوتی جاتی ہے، دل میں ہمدردی، رواداری، دوسروں کی ہوا خواہی زیادہ پیدا ہوتی جاتی ہے۔ البتہ فطرت کی نیرنگیوں، مشیت تکوینی کی عجائب کاریوں، علم مطلق کے مظہروں کو دیکھ کر حیرت ضرور طاری ہوتی رہتی ہے۔

شیخ جی کی نظر میں میں ہوں فقط
میری نظروں میں ساری دنیا ہے
بس یہی وجہ ہے کہ اے اکبر
مجھ کو حیرت ہے، ان کو غصہ ہے

علائق دنیوی کی جتنی کثرت ہو گی، اسی نسبت سے سامان غم و الم بھی بڑھتے رہیں گے، امن و عافیت مقصود ہے تو دنیوی تعلقات کو جہاں تک ممکن ہو کم کرنا

چاہیے۔

ایک جمتا ہے، ایک پگھلتا ہے
کام دنیا کا یونہی چلتا ہے
دل تعلق بڑھا کے پچھتایا
پاؤں پھیلا کے ہاتھ ملتا ہے

انسان دوسرے کی عیب چینی و نقص جوئی میں تو بہت پیش پیش رہتا ہے لیکن خود اپنی کمزوریوں اور خطا کاریوں کی جانب کبھی بھولے سے بھی توجہ نہیں کرتا۔ اس کو کس پر لطف انداز سے ادا کرتے ہیں۔

میری نسبت جو ہوا ارشاد، وہ میں نے سنا
یہ تو کہئے، اپنی نسبت آپ کی کیا رائے ہے

انسان کی نسبت سب سے زیادہ صحیح رائے خود اس کا ضمیر قائم کر سکتا ہے کہ وہی اس کی اصل کمزوریوں سے واقف ہوتا ہے۔ انسان ساری دنیا کو دھوکہ میں ڈال سکتا ہے لیکن خود اپنے ضمیر سے کوئی شے مخفی نہیں رکھ سکتا۔

نہ پھول اس پر کہ یہ اور وہ تجھے ایسا سمجھتا ہے
تو اپنے دل میں اپنے آپ کو کیسا سمجھتا ہے

اخلاق کی صفائی۔ نفس کے تزکیہ کے لئے محض گوشہ نشینی کافی نہیں، اصل شے قلب کی بے تعلقی ہے اور اس کا مدار عمل پر ہے۔ اچھی باتوں کے داد دینے والے بہت سے مل جاتے ہیں۔ دل سے ماننے والے ان پر عمل کر کے دکھا دینے والے کم ہی نکلتے ہیں۔

حرص دنیا سے نہیں ہر صاحب عزلت بری
خانقاہیں اور ہیں اور دل کا کونا اور ہے
مدحت گفتار کو سمجھو نہ اخلاقی سند
خوب کہنا اور ہے، اور خوب ہونا اور ہے

نفس بشری کی ایک خاص کمزوری دنیا پر ہمیشہ سے مسلط رہی ہے اور اب تو بہت ہی بڑھی ہوئی، پھیلی ہوئی۔ انسان دوسروں کی بدکاری پر انہیں برا بھلا کہہ لینا اپنے لئے بالکل کافی سمجھتا ہے۔ اور خود اپنی اصلاح کی طرف ذرا توجہ نہیں کرتا۔ گویا عبادت و حسن عمل کا بنیادی پتھر، اللہ کی حمد نہیں، شیطان پر لعنت بھیجنا ہے۔ یہ صورت حال اکبر کے فلسفہ اصلاح کے بالکل مخالف ہے۔ اہل فرنگ اگر ہمیں ناتواں وبے بس پاکر ہمیں اپنا تختہ مشق بنائے ہوئے ہیں تو اس کا یہ علاج ہرگز نہ صحیح ہے نہ کافی کہ ہم بس انہیں کوستے کاٹتے رہیں، ان کے طور طریق پر لعنت بھیجتے رہیں۔ ہم کو اصل فکر اپنی ترقی و اصلاح کی کرنا چاہئے۔ حضرت اکبر فرماتے ہیں کہ شیطان نے اس شیطانی دور میں شیطنت کی یہ ترکیب خوب نکالی ہے کہ اللہ کے کچھ بندوں کو بس اس پر لگا دیا ہے کہ وہ شیطان پر لاحول پڑھنے ہی میں لگے رہیں اور حمد و مناجات، توحید و حسن عمل کے لئے وقت ہی نہ نکال سکیں۔

نئی ترکیب اب شیطان کو سوجھی ہے اغوا کی
خدا کی حمد کیجئے ترک، بس مجھ کو برا کہئے

ایک دوسرے موقع پر فرماتے ہیں کہ حریف اگر ہمارے اوپر ستم پر ستم توڑ رہا ہے اور ہم ہیں کہ بجائے اپنی اصلاح حال و تصحیح اعمال کے محض اس پر لعنت بھیجنے

میں لگے ہوئے ہیں تو تباہ ہم اور وہ دونوں ہو کر رہیں گے۔ قانون فطرت انتقام دونوں سے لے گا۔ حریف سے اس کی زیادتیوں کا، ہم سے ہماری کوتاہیوں کا۔ اس سے اقدام جور و ستم کا، ہم سے غفلت و جمود کا، عدو کی تباہی ہماری فلاح کی خود بخود مستلزم ہرگز نہیں۔

یہی خصائل یہی طبیعت رہی اپنی تو قسمت یہی رہے گی
زمانہ بدلے گا بھی تو پھر کیا ہماری حالت یہی رہے گی
یہ سیہ کاریاں اگر ہیں تو نور صبح امید کیسا
یہی ہے زلف بتاں کا سودا تو میری شامت یہی رہے گی
عمل جب اپنے نہیں ہیں اچھے تو ذکر عصیان غیر کیسا
عدو کی قسمت بگڑ بھی جائے تو اپنی قسمت یہی رہے گی

سکون خاطر و اطمینان قلب اگر مقصود ہے تو اس کا ایک ہی راستہ ہے، سارے اولیا انبیا کا بتایا ہوا، سمجھایا ہوا راستہ،

صد ہزاراں پیر بروئے متفق

یعنی دنیا سے بحیثیت دنیا کے بے تعلقی و بیزاری، دل میں لو اور لگن کسی اور ہی کی لگی رہے۔ باقی ہاتھ پیر چلتے، پھرتے حرکت کرتے، اسی دنیا میں رہیں، بقول عارف روم،

ہیچ کنجے بے درو دام نیست
جز بہ خلوت گاہ حق آرام نیست

یہی نصیحت بیسویں صدی کے اس عارف نے بھی کی ہے۔

جو اہل دنیا کا رخ کرو گے سکون خاطر کبھی نہ ہو گا
شریک غفلت بہت ملیں گے، شریک عبرت کوئی نہ ہو گا
یہی ہے مذہب کا جزو اعظم کہ دین دنیا پہ ہو مقدم
نئے طریقے ہیں لیکن اے دوست ہو گا سب کچھ یہی نہ ہو گا

صدیوں پیشتر اس آوازۂ حق کی منادی کر دی گئی تھی کہ اطمینان قلب و راحت دل صرف ان لوگوں کا حصہ ہے جو ایمان کامل رکھتے ہیں اور اپنی بد عملیوں سے اپنے ایمان کو زنگ نہیں لگاتے۔ اکبر کی آواز بھی اس آوازۂ حق کی صدائے باز گشت ہے۔ خلقت کو اصلاح دنیوی کا راستہ بتاتے ہیں۔ لیکن معلوم ہوتا ہے کہ کلام مجید کے اوراق سامنے کھلے ہوئے ہیں، انہیں کا ترجمہ اپنی زبان میں کرتے چلے جاتے ہیں۔ ذرا کان لگا کر تو سنیئے۔

یہ عزم ترا سعی سے دمساز ہو کیونکر
اسباب نہ ہو جمع تو آغاز ہو کیونکر ۴۰
اسباب کرے جمع خدا ہی کا یہ ہے کام
طالب ہو خدا ہی سے دعا ہی کا ہے یہ کام ۴۱
بے طاعت و نیکی نہیں تاثیر دعا کچھ
آنے کی نہیں کام فقط حرص و ہوا کچھ ۴۲
منظور مفاخر کا اگر کچھ تجھ کو سبق ہے
تخصیص تری کیا ہے حریفوں کو بھی حق ہے ۴۳
یہ کشمکش فطرت دنیا ہے مسلسل

اک آج اگر صاحب طاقت ہے تو اک کل ۴۴

نیکی کی طرف رخ ہو یہی ناموری ہے

کھوٹے کو جدا کر دے، وہی بات کھری ہے ۴۵

لیکن یہ سارا دفتر وعظ و پند، یہ ساری شاعری و بلاغت، یہ ساری فلسفہ سنجی و نکتہ آفرینی ایک طرف، اور فطرت کی رفتار تکوینی، مشیت الٰہی کا رخ دوسری طرف۔ مشیت نے بڑے بڑے انبیاورسل کو ظاہری نتیجہ کے اعتبار سے ناکام رکھا، جس حکمت تکوینی نے خدا معلوم کتنے ہی معرکوں میں صورت وظہور کے اعتبار سے کفر کو ایمان پر اور ظلمت کو نور پر غالب رکھا۔ اس کی عادت میں بیسویں صدی کے ایک مصلح شاعر کی خاطر فرق کیونکر پڑ سکتا تھا؟

ہدایت و گمرہی کے دور کا آخری سلسلہ انسان کے نہیں انسان آفرینی کے ہاتھ میں ہے۔ اس کارخانہ کائنات کی بنیاد جس غفلت پر رکھی گئی ہے اسی پر کارخانہ برابر چلتا رہے گا۔ پیمبروں جیسی مقبول و برگزیدہ ہستیاں جب فطرت کی رفتار کو نہ بدل سکیں تو کسی شاعر غریب کی بساط ہی کیا۔ اکبر بھی اس تماشا گاہ عالم میں اپنا جلوہ حسن دادا کمال و جمال کے ساتھ ادا کر کے رخصت ہو گئے لیکن چلتے چلتے یہ بھی کہہ گئے کہ زمانہ کا رخ میری یا کسی کی بھی تبلیغ سے نہیں پھر سکتا۔ چند ہی روز میں یہ حال بھی ماضی بن جائے گا، یہ آج بھی کل میں تبدیل ہو جائے گا۔ حال کی تازگی ماضی کا افسانہ پارینہ بن جائے گی۔ اس وقت کوئی نوحہ پڑھنے والا نہ ہوگا۔ احساسات خود ہی تبدیل ہو چکیں گے، عیب ہنر بن جائیں گے اور کمال کا نام بے کمالی پڑ جائے گا۔ عقل کو جنون کا لقب دے کر پکاریں گے اور جنون کی تعبیر عقل سے کریں گے۔

دل بدل جائیں گے تعلیم بدل جانے سے

کسی کو پتہ بھی نہ چلے گا کہ کون سی چیز گم ہو گئی، عنفوان شباب کی لذتوں اور مستیوں میں پڑ کر یاد ہی کس کو رہ جاتا ہے کہ ہائے کیسی معصومیت کا زمانہ رخصت ہو گیا، بے فکریوں کا وقت کیسا خواب و خیال بن گیا۔ اور نئی نئی فکروں، ذمہ داریوں کا کتنا سخت بوجھ سر پر آ پڑا ہے۔ آنکھ کھلتی ہے مگر کب؟ جب وقت ہاتھ سے نکلے ہوئے بہت عرصہ ہو چکا ہوتا ہے۔ عجب نہیں کہ کچھ ویسا ہی حشر ہماری موجودہ معاشرت کا بھی ہو۔ اکبر کے جام جم میں اس قلب ماہیت کے ایک ایک جزیہ کا عکس موجود ہے۔ بہتر ہو گا یہ مرثیہ کا آخری بند سنا کر مجلس کو کسی دوسرے وقت کے لئے ملتوی کر دیا جائے۔ ۴۶

یہ موجودہ طریقے راہی ملک عدم ہوں گے
نئی تہذیب ہو گی اور نئے ساماں بہم ہوں گے
نئے عنوان سے زینت دکھائیں گے حسین اپنی
نہ ایسا پیچ زلفوں میں نہ گیسو میں یہ خم ہوں گے
نہ خاتونوں میں رہ جائے گی یہ پردہ کی پابندی
نہ گھونگھٹ اس طرح سے حاجب روئے صنم ہوں گے
بدل جائے گا انداز طبائع دور گردوں سے
نئی صورت کی خوشیاں اور نئے سامان غم ہوں گے
عقائد پر قیامت آئے گی ترمیم ملت سے
نیا کعبہ بنے گا، مغربی پتلے صنم ہوں گے

بہت ہوں گے مغنی نغمہ تقلید یورپ کے
مگر بے جوڑ ہوں گے اس لئے بے تال سم ہوں گے
ہماری اصطلاحوں سے زباں نا آشنا ہو گی
لغات مغربی بازار کی بھاکا سے ضم ہوں گے
بدل جائے گا معیار شرافت چشم دنیا میں
زیادہ ہیں جو اپنے زعم میں وہ سب سے کم ہوں گے
گذشتہ عظمتوں کے تذکرے بھی رہ نہ جائیں گے
کتابوں ہی میں دفن افسانہ جاہ و حشم ہوں گے
تمہیں اس انقلاب دہر کا کیا غم ہے اے اکبرؔ
بہت نزدیک ہے وہ دن کہ تم ہو گے نہ ہم ہوں گے

حاشیے

(۱) حضرت اکبر بڑے ہی پر گو، بڑے ہی زود گو تھے۔ بات چیت کرتے جاتے اور شعر کہتے جاتے۔ لیکن کلام کا ایک خاصہ حصہ ایسا بھی ہوتا جسے صرف نج کی محفلوں تک محدود رکھتے اور اپنے مخصوص دوستوں کو سناتے۔ عام اشاعت کے روادار اس حصہ کلام کے لئے کسی حال میں بھی نہ ہوتے۔

(۲) کلیات سوم میں ۱۹۱۴ء، ۱۹۱۹ء کا کلام درج ہے، حضرت اکبر کا سال ولادت ۱۸۴۶ء تھا، گویا اس وقت سن بہ حساب شمسی ۶۸ تا ۷۳ سال کا تھا۔

(۳) حضرت اکبر کے دو محل تھے۔ زوجہ اولیٰ سے تعلقات شروع ہی سے بہت تلخ رہے، زوجہ ثانیہ محبوبہ خاص تھیں، انہوں نے ۱۹۱۰ء میں رحلت کی۔ چھوٹے صاحب زادے سید ہاشم بہت محبوب تھے ۱۴-۱۵ سال کی عمر میں غالباً ۱۹۱۵ء میں انہوں نے داغ مفارقت دیا۔ بعض اور خانگی صدمات اس کے علاوہ تھے۔

(۴) کلیات اول میں ایک مقام پر ارشاد ہوتا ہے، تڑپو گے جتنا حال کے اندر، جال گھسے گا کھال کے اندر۔

(۵) یعنی تاریخ۔

(۶) دمدار ستارہ (COMET)۔

(۷) جس زمانہ کا یہ کلام ہے علماء دین بھی کثرت سے سیاسی اور وطنی تحریکات کے جزو بن کر ان میں گھل مل گئے تھے۔ ایک حضرت حکیم الامت مولانا اشرف

علی تھانوی ہی مع اپنے مخصوص شاگردوں اور نائبوں کے اس طوفان سے الگ اپنی دینی خدمات میں مشغول تھے۔ اکبر کا یہ اشارہ انہیں کی جانب ہے۔

(۸) اخبارات۔

(۹) اردو میں یہ لفظ شاید پہلی بار آرہا ہے، میرے ذوق میں یہ عربی وہندی کی ترکیب جائز ہے۔

(۱۰) غیر مطبوعہ یعنی اب تک کسی کلیات میں درج نہیں۔

(۱۱) مازو اور کافور دانت کے امراض کی مشہور دوا ہیں۔

(۱۲) انگلستان کا مشہور سائنسداں۔ اس کے نظریات کا خلاصہ یہ ہے کہ ایک نوع ترقی کرتے کرتے دوسری نوع بنتی گئی ہے۔ یہاں تک کہ حیوانات کا ارتقا انسان پر ختم ہوا، اور انسان ترقی یافتہ بندروں ہی کی سب سے زیادہ ترقی یافتہ شکل ہے۔

(۱۳) ماہی سقنقور، مردانہ قوت کے لئے ایک مشہور دوا۔

(۱۴) لارڈ منٹو ہندوستان کے وائسرائے، امیر حبیب اللہ خاں مرحوم والی افغانستان انہیں کے زمانہ میں ہندوستان آئے تھے، شاہ افغانستان اس وقت امیر ہی کہلاتے تھے۔

(۱۵) جو قانون ساز مجلس اب ۱۹۴۶ میں سینٹرل لیجسلیٹو اسمبلی کہلاتی ہے، اس وقت اس کا نام امپریل کونسل تھا۔

(۱۶) (SIR) ایک بڑا انگریزی خطاب۔

(۱۷) (Ball) انگریزی ناچ۔

(۱۸) حالی کے بھی ایک قطعہ کا آخری شعر ملاحظہ ہو،

حالی کو تو بدنام کیا اس کے وطن نے
پر آپ نے بدنام کیا اپنے وطن کو

حالی کا خطاب اپنے ان ہمعصروں سے ہے جن کے ترکش کا سب سے بڑا تیر یہ تھا کہ نہ دہلوی، نہ لکھنوی۔ یہ پانی پتی بھلا شعر اور زبان کیا جانے۔

(۱۹) جس زمانہ کا یہ شعر ہے روس میں نیا نیا بالشویک انقلاب ہوا تھا اور بالشویک حملہ کا دھڑکا ہر وقت ہندوستان کو لگا رہتا تھا۔

(۲۰) (AIR SHIP) ہوائی جہاز۔

(۲۱) قرآن کی آیت (سورہ کہف) نامہ اعمال کا ذکر ہے کہ قیامت میں سے دیکھ کر کافر چلا اٹھے گا کہ ہائے میری کم بختی، یہ کیسا رجسٹر ہے کہ چھوٹی بڑی کوئی چیز اس نے چھوڑی ہی نہیں۔

(۲۲) ترک اس وقت تک محافظ اسلام سمجھے جاتے تھے "خادم الحرمین الشریفین" ترکی سلطان (خلیفۃ المسلمین) کا خاص لقب ہوا کرتا تھا۔

(۲۳) حضرت اکبر نے یہ اشعار ۱۹۱۳ میں حادثہ مسجد کانپور کے بعد ہی موزوں کہے تھے۔ اور فوراً ایک گرامی میں بھی تحریر فرمائے تھے۔ کلیات سوم میں پہلا شعر کسی قدر مختلف ہو کر چھپا ہے، یعنی پہلے مصرعہ میں بھائی صاحب ہے اور دوسرے میں شیخ صاحب۔

(۲۴) پہلی جنگ عظیم میں جرمنی کا حملہ اتحادیوں پر بلجیم کے راستہ سے ہوا تھا، اور بلجیم بیچارہ پہلی ہی زد میں گر گیا تھا۔

(۲۵) اشارہ ہے ۱۹۱۷ء کے عظیم الشان انقلاب روس کی جانب، زار شاہی کا

خاتمہ آناً فاناً ہو گیا۔ زارِ روس اپنے وقت کا سب سے بڑا فرعون باسامان، اگلے جباروں کی زندہ یادگار تھا۔

(۲۶) جس عہد کے کلام پر یہ گفتگو چل رہی ہے، ترک اس وقت دنیا میں اسلامی اقتدار کے سب سے بڑے اور زبردست نمائندہ تھے۔ سلطان المعظم اس وقت تک خلیفۃ المسلمین تھے اور خادم الحرمین الشریفین، ترکوں کو جنگ عظیم اول میں جو شکست ہوئی ۱۹۱۸ء میں یہ محض ایک سلطنت یا جغرافی اقلیم کی شکست نہ تھی۔ عالم اسلامی اسے اپنی شکست اور اپنے اوپر ضرب کاری سمجھا، ہندوستان میں جو عظیم الشان و بے نظیر تحریک، تحریک خلافت کے نام سے قائم ہوئی وہ اسی احساس کا نتیجہ تھی۔

(۲۷) جولائی ۱۹۲۱ء میں الہ آباد میں نیاز حاصل ہوا (آہ کہ وہی آخری ملاقات تھی) میرے اوپر نشہ تحریک خلافت و ترک موالات کا سوار تھا۔ مہاتما گاندھی کی روحانیت اور تقدس کی تعظیم و احترام میں سرشار تھا۔ بات بات پر ان کی بزرگی اور حیثیت کا حوالہ، دل میں اس کی آرزو کہ حضرت اکبر پر بھی یہ جادو چل جائے، دو چار منٹ تو صبر کیا اس کے بعد ایک بارگی پوچھ بیٹھے، اچھا صاحب آپ تو گاندھی جی کی روحانیت کے بڑے قائل ہیں، اپنی اس کمیٹی میں داخلہ کی پہلی شرط انہوں نے لا الہ الا اللہ تو ضرور ہی رکھی ہو گی؟ میں ساری چوکڑی بھول گیا۔ مری ہوئی آواز سے جواب دیا کہ جی نہیں ایسا تو نہیں، بولے بس، تو مجھے بھی آگے کچھ پوچھنا نہیں، ایک سیاسی انجمن ہے جیسی اور بہت سی انجمنیں آج کل ہیں۔"

(۲۸) یہ غزل حضرت اکبر نے لکھنؤ میں ایک مشاعرہ میں پڑھی۔ لکھنؤ کے

ایک مشہور وکیل منشی اطہر علی کاکوروی مرحوم، ایک صاحب علم و صاحب دل بزرگ بھی مشاعرہ میں موجود تھے۔ اکبر نے خود یہ روایت مجھ سے بیان فرمائی کہ "جب اس شعر پر پہنچا، ابھی پہلا ہی مصرعہ زباں سے نکلا، کہ آنکھیں منشی صاحب سے چار ہو گئیں۔ منشی صاحب کے تیور پر بل تھے، کہ قرآن اور خدا سے یہ شوخی کیا معنی۔ میں تاڑ گیا۔ برجستہ عرض کیا کہ مصرعہ ملاحظہ ہو۔ اور پھر دوسرا مصرعہ پڑھا، تو منشی صاحب پھڑک اٹھے اور بے اختیار مجھے گلے لگالیا۔"

(۲۹) غزل کی تعریف انہیں الفاظ میں کی گئی ہے۔

(۳۰) ایک بہت پرانا انگریزی کھیل، اب مدت ہوئی متروک ہو گیا ہے۔ شروع انگریزی راج میں اس کا بڑا رواج تھا۔ جن شہروں میں شروع شروع انگریزی چھاونیاں قائم ہوئی تھیں وہاں "انٹا گھر" کے نام سے عمارتیں اب بھی موجود ہیں۔ میاں منیر شکوہ آبادی ایک پرانے اردو شاعر ہوئے ہیں، صاحب دیوان۔ وہ بھی ایک جگہ اسے باندھ گئے ہیں،

جیت جاتے اک مہینہ بھر کے بوسہ بات میں
ہم جو انٹا اس قمر سے فیس دے کے کھیلتے !

(۳۱) یہ تشبیہ بھی خود حضرت اکبر ہی کی سجھائی ہوئی ہے، کہیں فرما گئے ہیں (افسوس ہے کہ کلیات میں کہیں وہ قطعہ نہ ملا) کہ لوگ مجھ میں اور حالی میں فرق دریافت کرتے ہیں۔ میں کہتا ہوں کہ کہاں وہ آفتاب۔ آخری مصرعہ کا آخری ٹکڑا ہے "یخنی میں شراب۔"

(۳۲) سست، کاہل (Lazy)

(۳۳) آمادہ، تیار، مستعد (Ready)

(۳۴) فرانس کی مشہور ادیبہ اخلاق کے قانون سے آزاد

(۳۵) انگلستان کی مشہور ناول نویس، مردانہ نام رکھنے والی خاتون، ایک اہل قلم مرد، جارج ہنری لوئس کے ساتھ مدتوں بے نکاحی بیوی کی طرح بسر کی۔

(۳۶) Holly Wood امریکہ کا مشہور شہر، فلمی دنیا کا کہنا چاہئے کہ دارالسلطنت۔ ہزارہا کی آبادی، روزانہ فلم سازی کی مختلف شاخوں، محکموں میں سر گرم رہتی ہے۔

(۳۷) ۱۹۱۲ء کے آخر کا ذکر ہے کہ ایک برطانوی "مس صاحبہ" ماڈ ایلن (Maude Allen) نامی مشہور آرٹسٹ، ہندستان تشریف لائیں۔ بڑی دھوم دھام کے ساتھ انگریزی اخبارات روز ہی ان کے تذکروں اور کارناموں سے بھرے رہتے تھے۔ آپ کا آرٹ 'ناچ' تھا۔ ایک خاص ناچ کے وقت جسم پر ہلکا باریک سا لباس، غالباً موتی کی لڑیوں کا رہتا تھا۔ نیم برہنہ تو خیر شروع ہی سے رہتی تھیں۔ رقص جب شباب پر پہنچتا تو گردش اس تیزی سے کرتیں کہ گویا جسم میں کوئی کمانی لگی ہوئی ہے۔ لباس کی لڑیاں ایک ایک کر کے ہوا میں اڑنے لگتیں۔ یہاں تک کہ جسم پر ایک تار بھی باقی نہ رہ جاتا۔ گو یہ ضرور ہے کہ گردش رقص اس مسلسل تیزی کے ساتھ ہوتی کہ دیکھنے والے کی نظر کا جمنا ناممکن تھا۔ اور یہی آپ کا آرٹ کا کمال تھا۔ حضرت اکبر نے اپنے ایک مکتوب میں مجھے تحریر فرمایا کہ "مس ماڈ ایلن آئی ہیں۔ سنا ہے کہ برہنہ ہو کر اس طرح ناچتی ہیں کہ شائقین سائیس کو وجد آجاتا ہے۔" یہ ذکر دسمبر ۱۹۱۳ کا ہے، اس وقت تک یہ کمالات بہر حال

بعض پیشہ ور بیسواؤں ہی تک محدود تھے۔ اور اب؟ حدیث نبویہ میں جو اکاسیات العاریات آیا ہے یعنی لباس پوش مگر برہنہ، اس کی صحیح تفسیر اس دور سے قبل کیونکر کسی کی سمجھ میں آسکتی تھی۔

(۳۸) لفظ سر کا تلفظ لکھنؤ اور دہلی دونوں کی بول چال کی زبان میں "سر" (بالکسر) ہے نہ کہ "سر" (بالفتح)

(۳۹) حالی،

اہل معنی کو ہے لازم سخن آرائی بھی بزم میں اہل نظر بھی ہیں تماشائی بھی

(۴۰) جو بھی مصیبت تمہارے اوپر آئی ہے خود تمہارے ہاتھوں آتی ہے " (سورہ شوریٰ، رکوع ۴) تمہیں جو کچھ بھی برائی پیش آتی ہے خود تمہارے نفس کی لائی ہوتی ہے " (سورہ نسار کوع ۲) خدا کسی قوم کی حالت اس وقت تک نہیں بدلتا جب تک وہ خود اپنی حالت نہ بدل دے (سورہ رعد، رکوع ۱۲)

(۴۱) خدا ہر قسم کی فراہمی اسباب پر قادر ہے لیکن اکثر لوگ اس سے بے خبر ہیں۔ (سورہ کہف، رکوع ۵) ساری قوت صرف خدا کے ہاتھ میں ہے۔ (سورہ بقرہ، رکوع ۲۸) حکومت واختیار صرف خدا کا ہے (سورہ یوسف رکوع ۵)

(۴۲) مسلمانوں یہ فلاح عاقبت نہ تمہاری تمناؤں پر موقف ہے، نہ اہل کتاب کی تمناؤں پر بلکہ عمل پر موقوف ہے۔ پس جو شخص برا کرے گا، اس کی سزا پائے گا (سورہ نسا، رکوع ۱۸)

(۴۳) وہی خدا تو ہے جس نے تم سب کو پیدا کیا، تمہیں میں کافر بھی اسی نے پیدا کئے اور مومن بھی (سورہ تغابن، رکوع ۱)

(۴۴) ہم یہ زمانہ حکومت و کامرانی باری باری لوگوں کو دیتے رہتے ہیں (سورہ آل عمران، رکوع ۱۴)

(۴۵) تم میں جو سب سے زیادہ پاکباز ہے، وہی خدا کے نزدیک سب سے معزز ہے۔ (سورہ حجرات، رکوع ۲) جو لوگ عزت کے خواستگار ہیں، سو عزت تو ساری کی ساری صرف خدا ہی کی ہے۔ (سورہ فاطر، رکوع ۲)

(۴۶) افسوس کہ وہ دوسرا وقت کہیں نہ آیا۔ مضمون کی تقسیم شروع میں پانچ حصوں میں کی گئی تھی اور پانچویں حصہ کا عنوان "تصوف، معرفت، فلسفہ" تھا لیکن مضمون ۱۹۲۲ء و ۱۹۲۳ء میں رسالہ اردو میں نکلا، تو صرف چار ہی حصے نکلے اور پانچواں حصہ سارے کا سارا چھپنے سے باقی رہ گیا تھا اب ۱۹۲۳ء میں نظر ثانی کے وقت اتنی ہمت نہ ہوئی کہ تکملہ کے لئے پوری محنت ایک مستقبل مقالہ کی گوارا کی جائے۔ یوں ہی بہت زیادہ وقت نظر ثانی کی نذر ہو گیا تھا، مضمون اسی طرح ناتمام صورت میں شائع ہوتا ہے! دنیا میں خدا معلوم کتنی خیالی اسکیمیں اور کتنے منصوبے اسی طرح ناتمام رہ جاتے ہیں، اور انسان انہیں چھوڑ اپنے آخری سفر پر روانہ ہو جاتا ہے۔

اے بسا آرزو کہ خاک شدہ

(عبدالماجد مئی ۱۹۴۴ء)

***

منتخب علمی و فکری مضامین کا ایک اور مجموعہ

سوچ کے دریچے

مصنف : عبدالماجد دریابادی

بین الاقوامی ایڈیشن جلد منظر عام پر آرہا ہے